Till Bastian

KINDER BRAUCHEN BÖSE ELTERN

TILL BASTIAN

Kinder brauchen
böse Eltern

Erziehung zur Selbständigkeit

KNAUR

Besuchen Sie uns im Internet:
www.droemer-weltbild.de

Die Folie des Schutzumschlags sowie die Einschweißfolie sind PE-Folien
und biologisch abbaubar.
Dieses Buch wurde auf chlor- und säurefreiem Papier gedruckt.

Copyright © 2001 bei Droemersche Verlagsanstalt
Th. Knaur Nachf., München
Alle Rechte vorbehalten. Das Werk darf – auch teilweise –
nur mit Genehmigung des Verlages wiedergegeben werden.
Dieses Buch wurde auf ausdrücklichen Wunsch des Autors
in alter Rechtschreibung gedruckt.
Redaktion: Michaela Breit
Umschlaggestaltung: ZERO Werbeagentur, München
Umschlagabbildung: ZEFA, Düsseldorf
Texterfassung: Brigitte Apel
Umbruch: Ventura Publisher im Verlag
Druck und Bindung: Wiener Verlag, Himberg
Printed in Austria
ISBN 3-426-66706-1

2 4 5 3 1

INHALT

Vorwort · 7

1 Die Ausgangslage: Zu viele faule Kompromisse · · · · · 15

2 Wozu sind Eltern überhaupt gut? · · · · · · · · · · · 31

3 Gibt es einen »Krieg der Generationen«? · · · · · · · · 67

4 Die Eltern: Bloß keine »schlimmen« Gefühle · · · · · · 87

5 Die Kinder: Zur Liebe verurteilt · · · · · · · · · · · · 147

6 Nicht Kumpel, sondern Eltern · · · · · · · · · · · · · 165

7 Die besten Freunde eines Kindes · · · · · · · · · · · 183

Nachwort · 201

Anhang · 205

Literaturhinweise · · · · · · · · · · · · · · · · · · · 207

Anmerkungen · 209

Vorwort

Ein Sommertag. Der sechsjährige Martin hat meinen gleichaltrigen Sohn Alexander besucht. Gegen fünf Uhr nachmittags kommt Martins Mutter vorbei, um ihren Sohn wieder abzuholen – eine sympathische, sehr zurückhaltende junge Frau. Ich weiß wenig von ihr, außer daß sie berufstätig ist und offenbar den Löwenanteil des Familieneinkommens erwirtschaftet. Martin, der noch lange nicht nach Hause gehen möchte, reagiert äußerst mißmutig, als ich mit ihm die Treppe vom Kinderzimmer zur Haustür emporsteige. Alexander und er kennen sich noch nicht lange, sie haben eher selten Kontakt miteinander, aber wenn sie zusammen spielen, versinken sie äußerst intensiv in ihre Welt aus Legobausteinen und Phantasiegestalten. Daraus wieder emporzutauchen ist natürlich nicht immer leicht.

Vor der Tür rede ich noch eine Weile mit Martins Mutter – die Einschulung der Kinder steht bevor, und das sorgt für genügend Gesprächsstoff. Die Mutter hat den Arm um Martins Schultern gelegt, die schlechte Laune, die er demonstriert, scheint ihr peinlich zu sein. Er wiederum schätzt diese zärtliche Geste ganz und gar nicht, zieht einen Flunsch und tritt gegen das Bein der Mutter – immer wieder. Und immer fester.

Nach einer Weile halte ich das nicht mehr aus. »Nun hör doch endlich auf damit, deine Mutter zu treten«, sage ich mit lauter Stimme.

Martin starrt mich mit großen Augen an: »Wieso denn?« fragt er neugierig und mit provokantem Unterton. Natürlich kennt er die Antwort.

»Weil es weh tut«, erwidere ich.

Martin reißt sich los und steigt mürrisch ins Auto. Seine Mutter lächelt – ein wenig verschämt, ein wenig erleichtert. Sie selbst hätte es wohl nicht geschafft, der Szene ein Ende zu machen.

* * *

Das große Wunderland auf der anderen Seite des Atlantischen Ozeans, die USA, ist für uns Deutsche faszinierend, oft aber auch rätselhaft. Auch im Umgang mit Kindern gibt es erhebliche Unterschiede. Dennoch scheint es eine Menge ähnlicher Probleme zu geben – und die haben nicht zuletzt mit der Frage zu tun, ob und wann man den Kindern Grenzen setzen soll. Die amerikanische Psychologin und Kindertherapeutin Diane Ehrensaft – selbst Mutter zweier Kinder – beginnt ihr lesenswertes Buch *Wenn Eltern zu sehr ...*[1] mit der Schilderung einer Szene, die vielen Leserinnen und Lesern bekannt erscheinen wird.

Sie sei auf die Idee für dieses Buch gekommen, meint Ehrensaft, »als ich bei Freunden zum Essen eingeladen war. Ihre Fünfjährige, das Kind nicht mehr ganz junger Eltern, flitzte mit ihrem Dreirad um den Eßtisch herum. Mir verging Hören und Sehen. Weder konnte ich einen kla-

8

ren Gedanken fassen, noch war ich in der Lage, den Erwachsenen oder den älteren Kindern am Tisch zuzuhören. ›Warum lassen sie bloß zu, daß Miranda einen solchen Krach macht?‹ fragte ich mich. ›Warum greift denn niemand ein?‹ Niemand griff ein. Schließlich tat ich es – unter den entsetzten Blicken von Mirandas Eltern. Ich bat Miranda freundlich, sich doch ein anderes, weniger lautes Spielzeug zu suchen, damit wir unsere Tischnachbarn verstehen könnten. Sie setzte sich auf das Schaukelpferd, das direkt neben dem Tisch stand und dessen Federung quietschte. Ich gab auf.

Später überlegte ich mir, wer dieses Kind für meine Freunde eigentlich war. Warum ließen sie zu, daß es ihr Leben auf diese Weise bestimmte und sie einer solchen Geräuschkulisse aussetzte? Sie waren doch sonst ganz vernünftige Menschen. Warum ließen sie zu, daß ihr Kind, ein reizendes kleines Mädchen, uns allen solche Kopfschmerzen verursachte? Mein Nachdenken brachte mir zu Bewußtsein, daß in unserer Kultur tiefgreifende Umwälzungen im Gange sind, die einer Erklärung bedürfen. Die Frage, was es heutzutage bedeutet, Eltern zu sein, ließ mich nicht los. Was liegt hier im argen? Wie könnten wir verändern, was verändert werden muß? Unser Erziehungsstil ist aus dem Gleichgewicht geraten ...«[2]

* * *

Wie Diane Ehrensaft habe auch ich zwei Kinder – Dominik, der Jüngere, ist jetzt neun und Alexander, der oben bereits erwähnt worden ist, mittlerweile zwölf Jahre alt. Ich schreibe gerade das Vorwort zu diesem Buch, als er an einem trüben Januartag des Jahres 2001 aus der Schule kommt – er besucht die zweite Klasse des Gymnasiums. Noch völlig außer Atem, berichtet er, als ich ihm die Tür öffne, im Kunstunterricht sei es heute zu einem Skandal gekommen: Ein Schüler habe einen Mitschüler so hartnäckig geärgert, daß dieser schließlich in Tränen ausgebrochen sei. Der Lehrer habe den Störenfried daraufhin mit einem Eintrag ins Klassenbuch bestraft, und dieser sei – so Alexander – nach dieser Wendung der Dinge »völlig durchgedreht«. »Du Wichser!« habe der Schüler den Lehrer angeschrien, »du Arschloch!«

Alexander, der sonst sehr großen Wert darauf legt, seinen Eltern zu bedeuten, wie »cool« er doch sei, ist von diesem Vorfall beunruhigt und verbirgt es nicht: Das Ereignis fasziniert ihn, aber es macht ihm auch angst. Auf meine Frage, ob es denn zu Sanktionen gegen seinen ausfälligen Mitschüler gekommen sei, zuckt er ein wenig hilflos die Achseln – offenbar nicht.

Ich frage mich stumm, was ich in dieser Situation an der Stelle des Lehrers getan hätte, und ich weiß es selber nicht. Auch ich bin hilflos.

Das einzige, was mir zu alledem einfällt, ist die Frage, wie es denn überhaupt so weit hat kommen können. Was heute geschehen ist, ist schließlich nur eines von vielen Ereignissen, die immer wieder aus der Schule berichtet werden. Offenbar herrscht allenthalben große Ratlosigkeit – gepaart mit der weitverbreiteten Neigung, solche Ereignisse bloß nicht »an die große Glocke zu hängen« oder »überzubewerten«.

* * *

Es gibt auch heute noch viele Eltern, die ihre Kinder schlagen – was schlimm ist. Es gibt aber auch Kinder, die ihre Eltern schlagen – was ebenso schlimm ist. Doch über den zweiten Fall wird wohl noch seltener geredet als über den ersten, obwohl sich in den letzten Jahren Zeitungsartikel häufen, in denen von »Horrorkindern« oder ähnlichen Schreckgestalten die Rede ist (ich komme im dritten Kapitel beim Thema »Krieg der Generationen« darauf zurück).[3] Es mag sie geben, aber sie fallen gewiß nicht vom Himmel. Wo liegen die wahren Ursachen des »Horrors«, den sie verbreiten?

Vor etlichen Jahren wurde in Deutschland ein Buch quasi über Nacht zum Bestseller, dessen einprägsamer Titel *Der kleine Tyrann* heißt.[4] Die Tatsache, daß derart viele Eltern dieses Buch gekauft haben, zeigt, wie groß die Zahl von Eltern ist, die Kinder haben, an denen sie solche »tyrannischen« Züge zu entdecken meinen. Und wenn Kinder wirklich dazu neigen, ihre Umwelt wie in den hier geschilderten Fällen zu tyrannisieren und zu terrorisieren, dann deshalb, weil ihre Eltern ihnen gestattet haben, dieses Verhalten zu lernen und einzuüben. Denn eines ist sicher: Ein »Kleine-Tyrannen-Gen« gibt es nicht. Übergriffiges, dominantes Verhalten von Kindern folgt schlicht und einfach aus der (sinnvollen) kindlichen Neigung, erstens alles auszuprobieren, was nur irgendwie möglich ist – und zweitens daraus, daß sie alles wiederholen, was sich für sie »lohnt«. Auch das ist völlig verständlich.

Damit liegt der Ball freilich wieder im Feld der Eltern. Oder anders gesagt: Kindliche Tyrannei ist nur dann möglich, wenn elterliches Geschehenlassen ihr den Weg bereitet hat.

Was solche Übergriffe von Kindern anbetrifft, so gibt es eine dazu passende Ideologie: »Das Kind muß selber herausfinden, was richtig für es ist.« Auch wenn in diesem Satz eine ganze Menge Wahrheit steckt, wird diese Wahrheit doch zur Zwangsvorstellung, sobald sie über Gebühr verallgemeinert wird. Und etwas anderes kommt noch hinzu: Sei es ausdrücklich, sei es unausgesprochen – in der oben zitierten These schwingt oft noch ein zweiter Satz mit: »Kinder sollen selber herausfinden, was für sie richtig ist, *ohne daß die Eltern Grenzen setzen.*« In der Realität gibt es diese Grenzen irgendwann aber doch – viele Eltern, die sich zunächst über die angebliche Autonomie ihres Kindes freuen, suchen dann, wenn es ihnen damit doch zu schwierig wird, eines Tages entnervt den Therapeuten auf. Das ist gewiß besser, als wenn sie glauben, selbst mit allen Problemen fertig werden zu müssen (was ja auch ihre Kinder nicht können ...) – aber es fragt sich doch, ob es überhaupt hätte so weit kommen müssen.

Werden Grenzen, die es zuvor dem Anschein nach nicht gegeben hat, dann spät und plötzlich doch gesetzt, muß dieses Vorgehen dem Kind unverständlich, willkürlich und seltsam erscheinen. Hat es denn überhaupt Konsequenzen, sie zu übertreten? *Daß* Kinder Grenzen übertreten, ist sozusagen ihr gutes Recht – sie *müssen* es sogar tun, um lernen zu können, wie die Welt funktioniert und wie man sich in ihr zurechtfindet. Wo eine Grenze verläuft, erkennt man in der Regel am besten dann, wenn man sich wenigstens ein bißchen auf die andere Seite wagt, und genau das tun Kinder sehr gerne und mit großer Ausdauer. Wie die Eltern dann mit diesen kleinen, fortwährenden und notwendigen Übergriffen umgehen, ist allerdings eine völlig andere Frage. Und diese Frage ist das zentrale Thema des vorliegenden Buches.

1

Die Ausgangslage: Zu viele faule Kompromisse

Wenn Eltern Kinder in die Welt setzen und aufziehen, bis diese Kinder selbständig werden, so verfolgen sie dabei – neben vielen anderen Absichten – meistens zwei Ziele:

- Erstens wollen sie eine Kindheit aktiv gestalten, die sich positiv von jener abhebt, die sie selber erlebt haben (»Meine Kinder sollen es besser haben als ich ...«);
- zweitens wollen sie von ihren Kindern gemocht werden – zum einen grundsätzlich, zum anderen als Lohn für ebendiese Bemühung. Aber gerade darin werden sie oft enttäuscht (im Volksmund heißt es dazu: »Eines soll man von Kindern nie erwarten: Dankbarkeit ...«).

An diesen beiden Bestrebungen gibt es nichts zu bekritteln, sie sind in keiner Weise illegitim. Sie sind, wie Gefühle, einfach vorhanden, und es hat wenig Sinn, sie verleugnen oder wegdiskutieren zu wollen. Wir müssen uns aber darüber klarwerden, daß es sich dabei um die Bedürfnisse der

Eltern handelt, nicht um die der Kinder. Denn genau durch diese Verwechslung nach dem Motto »Wir wollen ja alle nur das Beste« entstehen jede Menge Probleme, die das Miteinander von Eltern und Kindern, das ohnehin nicht immer einfach ist, unnötig erschweren.

Von welcher Art die Bedürfnisse der Kinder auch sein mögen (siehe dazu S. 147 ff.), eins ist sicher: Sie sind mit denen der Eltern nicht identisch, sondern *anders*. Und wo keine Interessengleichheit vorliegt, kann und muß es irgendwann zu Interessengegensätzen und in der Folge auch zu Konflikten kommen.

Das ist im Grunde normal und, was die Interessengegensätze und Konflikte zwischen den Generationen betrifft, aus der Geschichte wohlbekannt. Schon der griechische Philosoph Sokrates – am Ende selbst wegen seines schlechten Einflusses auf die Jugendlichen Athens angeklagt, verurteilt und hingerichtet – beklagte sich bitter über die Jugend seiner Zeit, und das Lamento über die »Jugend von heute« ist seitdem nicht mehr verstummt. »Probleme zwischen den Generationen«, so meint der Psychoanalytiker Wolfgang Hochheimer, »gehören zu den häufigst beredeten Themen zwischenmenschlichen Zusammenlebens. Das gilt seit Beginn unserer Geschichte bis in unsere Tage.«[5]

Das ist ohne Zweifel richtig – und dennoch sind Ergänzungen angebracht. Die Art und Weise, wie über den offenbar allgegenwärtigen Konflikt zwischen den Generationen gesprochen wird, hat sich seit dem Urteil der Athener Richter gegen den mißliebigen Sokrates erheblich verändert. Eine wesentliche Folge dieser Veränderung ist der immer stärkere Wunsch nach Harmonie zwischen den Generationen. In früheren Epochen galt es als selbstverständlich, daß die Interessen der Jungen und der Alten unterschiedlich sind; falls sich aus dieser unterschiedlichen Interessenlage Konflikte ergaben, wurden diese mit drakonischen Mitteln zugunsten der Eltern entschieden. Davon sind wir heute zum Glück weit entfernt. Aber die Entwicklung ist noch weiter gegangen – nicht nur die Mittel und Methoden der Elterngewalt von Anno dazumal erscheinen uns verdächtig; oft werden auch die Interessengegensätze zwischen Eltern und Kindern und die in ihrem Umgang miteinander zwangsläufig auftretenden Konflikte gar nicht mehr wahrgenommen – und noch öfter werden sie nicht mehr offen angepackt.

Es läßt sich ja nicht bestreiten: Die Eltern von heute haben es schwer. Obwohl sie von ihrer Umgebung kaum praktische Hilfe erhalten, werden sie von allen Seiten mit Tips, Ratschlägen und Empfehlungen geradezu bombardiert. Zudem müssen sie ein gerüttelt Maß an bürokratischen Prozeduren bewältigen, um überhaupt Eltern sein zu können. Ihre Rolle ist zu einer schweren Bürde geworden, belastet obendrein noch mit den eigenen guten Vorsätzen und den Warnungen anderer vor Fehlern, die es unbedingt zu vermeiden gilt. Alle Mütter und Väter, die noch über einen Rest an natürlicher Unbefangenheit verfügen, tun sich unter dem Zwang allgegenwärtiger Erwartungen, Forderungen und Verpflichtungen mächtig schwer, diese nicht zu verlieren.

Zugleich nimmt die Zeit, die Eltern mit ihren Kindern zu-

sammen sind, drastisch ab. Sind die Eltern oder der alleinerziehende Elternteil aber dann endlich mit ihrem Kind
zusammen, so soll es in dieser knapp bemessenen Zeit
möglichst spontan, entspannt und spielerisch zugehen.
Konflikte werden häufig durch ein starkes Bemühen um
Harmonie, um freundliche Gemeinsamkeit ohne Zwist und
Hader schon im Ansatz erstickt. Sie tauchen dann natürlich irgendwann wieder auf – meist an ganz besonders un-
passender Stelle ...

In erster Linie ist dies ein Problem von Eltern, die viel
Zeit in ihre berufliche Tätigkeit stecken (und das ist heute
bei der Mehrheit aller Eltern der Fall – nebenbei bemerkt,
auch bei mir).»Von Schuldgefühlen geplagt, daß sie den
ganzen Tag fern von ihren Kindern am Arbeitsplatz ver-
bringen, möchten sie vermeiden, daß ihre Kinder böse auf
sie sind, wenn sie abends nach Hause kommen. Sie be-
fürchten, daß ihre Kinder unter der Abwesenheit der Eltern gelitten haben ... Sie möchten, daß sich ihre Kinder
mit der Situation abfinden, sie wünschen sich ein Signal,
daß es nicht so furchtbar schlimm ist, wenn sie so lange ab-
wesend sind. Daher schaffen sie für ihr Kind ein Märchen-
land ohne Regeln und Pflichten: Das Kind ist abends Prinz
oder Prinzessin. ›Wir verlangen ihnen schon so viel ab
(weil wir so oft nicht da sind), wie können wir von ihnen da
noch mehr fordern (wenn wir bei ihnen sind)?‹ Das ist das
Leitprinzip von Müttern und Vätern, die von Schuldgefühlen geplagt werden.«[6]

Solche Schuldgefühle sind überaus häufig; sie müssen
allerdings nicht unbedingt durch anstrengende und zeit-

raubende Berufstätigkeit der Eltern verursacht werden. Es gibt viele Gelegenheiten, bei denen wir hinter den teils selbstgesteckten, teils von der Gesellschaft an uns herangetragenen Erwartungen zurückbleiben. Wir merken, daß es anders kommt, als wir es uns vorgestellt und vorgenommen haben; wir registrieren, daß wir Anforderungen nicht gerecht werden, und reagieren mit Scham und Trauer. Wo die Leitbilder von »moderner Elternschaft« zum Programm geronnen sind, führen sie, wenn sie beim Wort genommen werden (und wer kann von sich sagen, sein Verhalten sei davon nicht beeinflußt?), nicht selten zu ungeheuer hohen Anforderungen der Eltern an sich selber. Aber eben dieselben Eltern werden in ihrer realen Lebenspraxis alsbald frustriert feststellen müssen, wie wenig sie einer solchen Idealnorm genügen. »Es ist nie zu spät, Ihre Methoden und Ihre Einstellung zum Kind zu überprüfen – es ist aber auch nie überflüssig«, heißt es in einem weitverbreiteten »Erziehungsratgeber« mit wissenschaftlichem Anstrich: »Ihre Kinder werden nie Engel sein, Sie können aber immer bessere Eltern werden, als Sie gewesen sind.«[7] Die Botschaft dieser moralgetränkten Zeilen ist klar: Eltern dürfen weder rasten noch ruhen, sondern müssen immerzu und unablässig an der eigenen Vervollkommnung arbeiten; Zufriedenheit wäre allenfalls dann angebracht, wenn sie dem Stadium der Gottähnlichkeit nahe gekommen sind, was allerdings eher selten der Fall sein dürfte.

Die Folge einer solchen Überflutung mit ständig neuen und immer weiter gehenden Forderungen, wie »gute Eltern« zu sein hätten, dürften in vielen Fällen nicht »bessere«, sondern enttäuschte, beschämte und unzufriedene Eltern sein.

Besonders prekär wird die Lage, wenn der Ernst des Lebens zunimmt, wenn Kindergarten und Schule ihre Anforderungen an die Kinder stellen – und viele Eltern setzen ihre eigenen Erwartungen noch obendrauf: Ihr Kind soll diese äußeren Anforderungen allesamt erfüllen, denn schließlich ist ein guter Schulabschluß so wichtig. Das Zusammenleben von Eltern und Kindern gerät dann endgültig zu einer höchst doppelbödigen Beziehungskiste:

- Einerseits nämlich werden die Kinder von heute als kleine Erwachsene behandelt, werden mit hohen Leistungserwartungen konfrontiert und müssen sich von Anfang an im Konkurrenzkampf der Erwerbsgesellschaft behaupten (ihre Terminkalender sind nicht selten zu beachtlichen Dimensionen angeschwollen).

- Andererseits werden sie als engelsgleiche Majestäten betrachtet, die sozialen Forderungen und Regeln – etwa der Verpflichtung, das eigene Zimmer aufzuräumen – sehr weitgehend enthoben sind und die sich als das Zentrum der Welt fühlen dürfen (freilich nur für einen engbegrenzten Zeitraum ...).

Diese charakteristische Doppelbödigkeit im Verhältnis zwischen Eltern und Kind wird in erster Linie von den Eltern selbst verursacht wird – von ihrer Ambivalenz, ihrer Zwiespältigkeit, ihren inneren Konflikten. Von ihrem Wunsch, den Kindern das Paradies auf Erden bereiten und gleichzeitig auch die eigenen Bedürfnisse befriedigen zu wollen. Ein Kind zu bekommen wird zum Höhepunkt des Lebens erklärt – bloß darf sich andererseits an ebendiesem Leben möglichst wenig ändern, zum Beispiel dürfen die eigenen Karrierechancen nicht geschmälert werden. Das Leben wird so angepackt, daß es schwerfällt, seine verschiedenen, oft widersprüchlichen Dimensionen unter einen Hut zu bringen. Und weil diese Lage so schwierig ist und so voller Konflikte steckt – möglicherweise sind es sogar unlösbare Konflikte –, scheint es geraten, alles mit einer Art zäher Harmoniesauce zuzukleistern. Das wegweisende Motto für das Eltern-Kind-Verhältnis heißt dann: »Bloß kein Streit!«

Kein offener Streit, versteht sich – ob der vermiedene Streit die Stimmung hebt, steht auf einem ganz anderen Blatt. Oft wird das Stimmungsbarometer eher sinken, ohne daß einer der Beteiligten weiß, warum. Und genau das ist für Kinder schlecht. Auf Dauer auch für ihre Eltern.

Denn auf Dauer rächt es sich, den Konflikten aus dem Weg zu gehen, ihre Existenz zu verleugnen oder zu verdrängen. Der Interessengegensatz zwischen Eltern und Kindern steht einer liebevollen und fairen Beziehung zueinander nicht im Wege – wenn er anerkannt wird, wenn die verschiedenen Positionen *in ihrer Verschiedenartigkeit* akzeptiert werden und wenn beide Seiten miteinander an geeigneten Verfahren arbeiten, für unumgängliche Konflikte nach Lösungen zu suchen. Das bedeutet auch, Grenzen zu setzen und auf der Einhaltung dieser Grenzen zu bestehen. Daß Kinder sich darüber nicht freuen, daß sie oft wütend sind, wenn sie mit Regeln konfrontiert werden, die ihren Spielraum beschränken, ist klar. Es ist das gute Recht der Kinder, darüber zornig zu sein. Eltern, die erwarten, von ihren Kindern immer und jederzeit geliebt zu werden, die Meinungsverschiedenheiten und kindlichen Zorn nicht ertragen können und einer vermeintlichen »guten Stimmung« zuliebe auch aufdringliche Verhaltensweisen und Übergriffe ertragen, betrügen ihre Kinder damit um einen sehr wesentlichen Aspekt des Erwachsenwerdens.

* * *

Ein wesentliches Kriterium, mit dessen Hilfe das »Konfliktmanagement« beurteilt werden kann, das zwischen Menschen mit verschiedenen Interessenlagen vermitteln soll, ergibt sich aus der Frage, ob die bestehenden Konflikte mit Gewaltmitteln »bewältigt« werden sollen oder ob andere Lösungsstrategien zur Verfügung stehen.

Gewaltschwanger ist die Beziehung zwischen den Generationen, zwischen Alt und Jung, zwischen Eltern und Kind, schon immer gewesen. Jahrhundertelang haben Eltern ihre Kinder gar nicht – oder jedenfalls nicht in erster Linie – als *Kinder* wahr- und ernst genommen. Jahrhundertelang wurden sie als dienstbare Nachkommen geprügelt, zur Arbeit gezwungen und behandelt wie Erwachsene von geringerer Körperkraft und schwachen Verstandesgaben. Die Entdeckung der Kindheit als eines eigenständigen Lebensabschnitts ist ein Ereignis neuesten Datums, verknüpft mit dem Heraufdämmern des Industriezeitalters, womöglich sogar durch dieses erst verursacht. »Selbst wenn man so unterschiedlich akzentuierte und interpretierende Studien über den Bedeutungswandel der Kindheit heranzieht wie die von Ariès, de Mause oder Badinter, dann wird man zumindest als Gemeinsamkeit konstatieren müssen, daß es vor dem 17. Jahrhundert keine ›Kindheit‹ in unserem heutigen Verständnis gegeben hat, eine empathische Beziehung auch zu kleinen Kindern erst seit dem späten 17. Jahrhundert bekannt ist. Kinder waren entweder wegen ihrer Funktion als Erbnachfolger bzw. als Sicherung in der Generationenfolge erwünscht und entsprechend funktional versorgt oder waren eine Last, da das ohnehin geringe Familieneinkommen eine noch weitere Belastung nicht verkraften konnte.«[8]

Was Kindern zusteht, so lautet der Titel eines heute weitverbreiteten Buches – einer Mutter in den Zeiten des Barock, beispielsweise, wäre es kaum je in den Sinn gekommen, sich diese Frage überhaupt zu stellen und ernsthaft darüber nachzudenken. Ein Beispiel: Das erste Kind von Wolfgang Amadé und Constanze Mozart, der kleine Raimund Leopold, war gerade sechs Wochen alt, als die Eheleute ihn der Obhut einer Amme überließen und sich im Juli 1783 auf eine Reise nach Salzburg begaben, wo sie dann immerhin vier Monate zubrachten – um nach ihrer Rückkehr Ende November zu erfahren, daß das »dicke, fette und liebe Buberl« schon am 19. August 1783 verstorben war.[9] Hätte Constanze Mozart das oben genannte Buch je gelesen, sie hätte ihr Verhalten dort als schwerwiegende

Vernachlässigung der mütterlichen Sorgfaltspflichten gewertet gesehen.

Heute ist die Frage, was Kindern zusteht, ein Diskussionsthema ersten Ranges. Zwar gibt es nach wie vor die rücksichtslose Durchsetzung von Machtpositionen, und leider auch im Verhältnis zwischen Eltern und Kindern, doch die berechtigte Empörung darüber darf nicht vergessen lassen, daß es keine »natürliche Harmonie«, soll heißen: kein konfliktfreies Miteinander von Kindern und Eltern geben kann. Menschen, die sich bewußt für die Elternschaft entscheiden, sollten sich im klaren darüber sein, daß die Interessen der Kinder häufig höher zu werten sind als die eigenen. Wer das ablehnt, sollte besser kinderlos bleiben. Eine junge Mutter aus Frankfurt an der Oder, die ihre beiden Kleinkinder zwei Wochen in die Wohnung sperrte, wo sie qualvoll verdursteten, um ungestört bei ihrem Freund sein zu können, ist im Frühling des Jahres 2000 wegen Mordes zu lebenslanger Haft verurteilt worden.

Gewiß ist dieses Beispiel extrem und hat mit dem Alltag einer Durchschnittsfamilie wenig gemein. Es zeigt aber, wie weit es kommen kann im Verhältnis der Generationen, wenn Eltern sich rücksichtslos »ausleben«. Quasi als Gegenreaktion nun den Kindern Rücksichtslosigkeiten zu gestatten, macht die Dinge nicht besser. Wie aus einer »Fehlsteuerung« des Eltern-Kind-Verhältnisses Gewalt entstehen kann, ist deshalb ein Thema dieses Buches.[10]

Daß es eine solche Diskussion über das früher Selbstverständliche (also auch über die Frage, was Kindern zusteht) überhaupt gibt, ist gut so. Der aufklärerische, reformerische Schwung der letzten fünfzig Jahre hat viele Vorurteile und Traditionen hinweggefegt, die wir – von heute aus – als grausam und gewalttätig bewerten. Die »alten Zeiten«, etwa die Lebzeiten Mozarts, sind nicht »gut« gewesen und schon gar nicht »besser« als die Gegenwart. Sie waren *anders,* und ihre genauere Betrachtung lohnt sich schon deshalb, weil wir durch einen unbefangenen Vergleich viel über die Eigentümlichkeiten unserer Gegenwart erfahren können – Besonderheiten, die uns auf den ersten Blick vielleicht als ganz selbstverständlich erscheinen wollen.

Das Verhältnis zwischen den Generationen ist offensichtlich in ganz neuer Weise problematisch geworden – nicht zuletzt dadurch, daß es Gegenstand von erbitterten Debatten und Auseinandersetzungen geworden ist, die vorzeiten kein Vater, keine Mutter je für notwendig erachtet hätte. So vieles hat sich in den letzten dreihundert Jahren verändert: Heute gibt es in einer reichen Industrienation wie der Bundesrepublik Deutschland die mehrere Generationen umfassende Großfamilie früherer Zeiten nur noch in seltenen Ausnahmefällen. Die Zahl der Kinder, die geboren werden, nimmt ab, und immer häufiger wachsen sie als Einzelkinder heran, nicht selten versorgt von alleinerziehenden Müttern oder Vätern. Ebenso explosionsartig zugenommen wie die Vereinzelung der Menschen und die Beschleunigung aller Lebensabläufe[11] hat die Zahl der als Erziehungshilfe gedachten Fachbücher und Nachschlagewerke, ebenso die Zahl der Beratungsstellen und ähnlicher Institutionen. Der immer weiter wachsenden Unsicherheit, was zu tun und wie mit Kindern »richtig« umzugehen sei, entspricht die schier unübersehbare Fülle der Informationen, Wegweisungen und Ratschläge – damit steigt natürlich auch die Chance, immer wieder etwas Neues zu entdecken, was man gerade eben wieder einmal völlig falsch gemacht hat.

Durch dieses von Überinformation und Rechtfertigungsdruck geprägte Klima werden Ansprüche und Ideale verbreitet, für die die große Mehrheit der Menschen empfänglich ist – mit dem Ergebnis, dass an etlichen Punkten sozusagen »die Sanduhr herumgedreht«, also die eine Perspektive (»Eltern haben immer recht«) gegen eine diametral andere (»Das Kind muß seine Grenzen selber herausfinden können«) ausgetauscht worden ist. In der Flut der modernen Erziehungsliteratur wird sehr einseitig der »Standpunkt des Kindes« (oder jedenfalls das, was die Autoren dafür halten) vertreten. Früher hatten Kinder keinerlei Rechte, und ihre Interessen wurden meist nur dann wahrgenommen und befriedigt, wenn sie mit den elterlichen Interessen zusammenfielen. Heute verhält es sich nahezu spiegelverkehrt: Was immer ein Kind – vor allem der Säugling und das Kleinkind – an Bedürfnissen äußert, erscheint als an sich und in sich gerechtfertigt; den Eltern obliegt es, diese Wünsche zu befriedigen, ohne sie je in Frage zu stellen.

Doch weder die selbstverständliche Gleichgültigkeit, mit der Kinder früher als rechtlose »Zöglinge« behandelt wurden, noch die derzeit so weit verbreiteten Theoriegebilde von den Prinzipien einer »richtigen«, das heißt »kindgemäßen« Erziehung berücksichtigen gebührend, was eigentlich im Zentrum einer vorurteilslosen und unbefangenen Untersuchung des Eltern-Kind-Verhältnisses stehen sollte: den offenkundigen *Interessenkonflikt* zwischen den Generationen. Was das Kind will und was seine Eltern wollen, ist eben keineswegs grundsätzlich identisch. Die von Grund auf konfliktreiche Situation mündet noch lange nicht in ein harmonisches Miteinander, wenn sich die Eltern nur erst genügend abgemüht haben – nicht selten ist eher das Gegenteil der Fall.

Die Art und Weise, wie solche Beziehungskonflikte wahrgenommen oder verleugnet werden, hat im Verlauf der Zeit enorme Veränderungen erfahren. Gerade die Wandlungen innerhalb der letzten dreißig Jahre – also in jenem Zeitraum, in dem die derzeitige Elterngeneration herangewachsen ist – haben besonders einschneidende Konsequenzen. Es lohnt sich also, darüber nachzudenken, ob (um mit Diane Ehrensaft zu sprechen) unser Erziehungsprozeß wirklich »entgleist« ist. Und wenn ja, warum.

Um diese Frage kreisen alle Themen dieses Buches, das Möglichkeiten aufzeigen soll, wie die Verhältnisse wieder neu ausbalanciert und eingeregelt werden können. Ein wichtiges Ziel dieser Erörterung ist es, allen Eltern *Mut* zu machen: Mut, über dieses Problemgeflecht einmal gründlich (und ohne schlechtes Gewissen) nachzudenken – über die Rechte und Pflichten der Kinder, über die Erwartungen, die wir an sie richten, über die Möglichkeiten, die wir ihnen einräumen ... Und über uns selbst, über die eigenen hehren Ziele wie über die eigenen großen und kleinen Schwächen.

Es ist vollkommen normal, auf Kinder wütend zu sein, vor ihnen Angst zu haben oder sie zur Hölle zu wünschen. Und es ist ebenso normal, daß Kinder ihre Eltern zur Hölle wünschen. Eltern sind nämlich vor allem dazu da, daß Kinder im Umgang mit ihnen lernen können, wie man sich anderen Menschen gegenüber *besser nicht* verhalten sollte. Und Eltern, die lernen, ihre Gefühle wahrzunehmen, ohne sich ihrer zu schämen, Eltern, die sich eingestehen können, ganz und gar nicht perfekt, sondern völlig durchschnittliche, also ganz »normale« Eltern zu sein – verletzlich, kränkbar, mit begrenzter Geduld und mit durchaus legitimen eigenen Interessen, die eben *nicht* mit denen des Kindes deckungsgleich sind –, solche Eltern werden es vielleicht lernen, mit diesen Konflikten angemessen umzugehen, ohne von ihnen »hinterrücks« überwältigt zu werden. Sie können die Konflikthaftigkeit der Eltern-Kind-Beziehung erkennen, hängen keinen überzogenen, übermenschlichen (und letzten Endes destruktiven) Idealen an[12], ersehnen keine lebensferne Harmonie – und werden damit nicht nur ihren Kindern, sondern auch *sich selber* besser gerecht.

Ehrlichkeit im Umgang mit sich selbst ist ein entscheidender Schritt für ein zumindest halbwegs befriedigendes Miteinander. Das gilt auch für das Zusammenleben der Generationen: Eltern, die ihre Möglichkeiten, aber auch ihre Grenzen kennen und sich nicht wechselseitig mit unerreichbaren Ansprüchen terrorisieren, sind der beste

Schutz gegen die erschreckende Gewaltlastigkeit der einerseits so feierlich gepriesenen, andererseits immer stärker überforderten Familie. Solche Eltern werden nicht dem unerreichbaren Ideal nachjagen, immer besser werden zu wollen – es ist in ihren Augen nämlich vollkommen ausreichend, wenn sie sich darauf konzentrieren, »genügend gut« zu sein (so hat es der berühmte Psychoanalytiker Donald Winnicott ausgedrückt). Dazu gehört ein klares Bild von den elterlichen Aufgaben, aber auch von der elterlichen Interessenlage.

Um die Konturen dieses Bildes zu entwerfen, ist es notwendig, jenen Prozeß zu untersuchen, den die einen als »Erziehung«, die anderen als »Sozialisation« (oder »Enkulturation«) bezeichnen. Auf einen Streit um Worte und Begriffe kommt es dabei ganz bestimmt nicht an – sondern ausschließlich auf das Verständnis für den Vorgang selbst. Dafür müssen allerdings zunächst seine biologischen Grundlagen und dann seine geschichtliche Ausformung erörtert werden. Genau das geschieht in den nächsten beiden Kapiteln. Wie der berühmte Atomphysiker und Nobelpreisträger Niels Bohr einmal gesagt hat, gibt es nichts Praktischeres als eine gute Theorie. Wenn wir die gegenwärtigen Probleme zwischen überforderten Eltern und vermutlich ebenso überforderten Kindern besser verstehen und nach Lösungswegen suchen wollen, dann müssen wir auch begreifen, wie diese Probleme überhaupt entstanden und in welches kulturelle Umfeld sie eingebettet sind. Denn nur wer ein umfassendes und tiefgreifendes Verständnis für die eigenen Probleme entwickelt, wird diese auf Dauer selbständig meistern. Und nur selbständige Eltern werden die eigenen Kinder zur Selbständigkeit erziehen können.

Dazu soll mein Buch Hilfestellung bieten – und deshalb will es auch nicht »gefällig«, sondern »anstößig« sein.

2

Wozu sind Eltern überhaupt gut?

Meine beiden Söhne haben mich immer wieder mit der Frage gequält, ob sie nicht einen anderen Vater haben könnten (etwa einen, bei dem man öfter fernsehen darf). Oder andere Eltern. Und warum man überhaupt Eltern haben muß. Ginge es nicht doch irgendwie anders? Könnte man mit besseren Lösungen nicht jede Menge Streit vermeiden? »Eltern sind die große Tragik im Leben der Kinder«, meinte Dominik gestern abend, kurz vor dem Essen, zu mir. Zuvor hatte es heftigen Streit gegeben, denn er hatte sich auf sein Fahrrad geschwungen, ohne den Helm aufzusetzen. »Hat da der liebe Gott nicht irgendeinen Fehler gemacht?«

Wie so oft in solchen Fällen ist es leichter, diese kindliche Frage als absurd oder abwegig abzutun, als eine sinnvolle Antwort auf sie zu geben. Warum haben wir Eltern, und warum sind diese verschieden – der eine Elternteil ein Wesen, das Samenzellen produziert (durch diese Fähigkeit per definitionem als »Männchen« charakterisiert), der andere (das »Weibchen«) hingegen Eier? Warum findet die Befruchtung der weiblichen Eizelle durch den männlichen Samen im Inneren des weiblichen Körpers statt, warum

31

reift das Kind dort heran, bis es endlich geboren wird, warum können nicht beide Eltern abwechselnd ihr Kind stillen?

Es mag so scheinen, als hätten all diese Fragen nur sehr wenig mit unserem Thema – den »bösen« Eltern – zu tun. Das Gegenteil ist richtig. Denn wenn wir eine bestimmte Qualität erörtern, die im erfolgreichen Umgang mit Kindern überaus wichtig zu sein scheint, so geschieht dies in stillschweigender Anerkennung der Tatsache, daß Eltern überhaupt notwendig sind. Dieses Schweigen zu brechen und – wie Dominik – provozierend zu fragen »Warum eigentlich?« kann den Hintergrund besser ausleuchten, lohnt also allemal.

Es ist außerdem wichtig, sich klarzumachen, daß die hier angeschnittenen Fragen jeweils verschiedenen Entwicklungsebenen des Lebens entsprechen und daß sich auf jeder dieser Ebenen verschiedene mögliche Antworten ergeben. Die von der Entwicklung der Biosphäre *faktisch* eingeschlagene Richtung muß keineswegs die einzig *mögliche* sein – oft ist es so, daß etliche Spezies die eine Alternative bevorzugen, andere sich aber ganz anders »entschieden« haben.

Wollen wir uns im biologischen Schweinsgalopp auf einen Durchgang durch all diese Ebenen mit ihren jeweiligen alternativen Entwicklungsmöglichkeiten einlassen, dann stellt sich die Angelegenheit etwa so dar:

Zuerst stellt sich die *Frage der biparentalen Fortpflanzung:* Die Entstehung eines neuen Lebewesens aus einem einzigen »Vorgänger« (die uniparentale Fortpflanzung) ist durchaus möglich und wird auch praktiziert. Einzeller vermehren sich durch Zellteilung, manche Organismen treiben Knospen hervor, die sich abschnüren und verselbständigen, bei Insekten entstehen Nachkömmlinge aus unbefruchteten Eizellen (»Parthenogenese« = Jungfernzeugung). Die Erbgutmischung bei der biparentalen Fortpflanzung hat den Vorteil, eine erheblich größere Variabilität hervorzubringen: Aus dieser genetischen Vielfalt kann der Druck der Umwelt dann »auswählen«, indem besser angepaßte Individuen durch höhere Fortpflanzungschancen »belohnt« werden.

Die *Unterschiedlichkeit der Geschlechter (Sexualdimorphismus):* Biparentalität allein wäre aber noch lange kein Grund dafür, daß Eltern derart unterschiedlich sind, wie es beispielsweise bei den Menschen – aber auch bei vielen Tieren – der Fall ist. Es wäre ja möglich, daß jedes Lebewesen sowohl Eier als auch Samenzellen produziert. Im Pflanzenreich ist das häufig der Fall, bei den Tieren hingegen ist der Hermaphroditismus auf eher niedere Lebensformen – wie den Regenwurm – beschränkt. Hinzu kommt, daß Ei- und Samenzellen sehr verschieden gebaut sind und daß, jedenfalls bei den höheren Tieren, die Verschmelzung von Ei und Samen in das Innere der Eierproduzentin, des Weibchens verlegt wird – damit ist eine neue Entwicklungsebene erreicht.

Die Ebene der *inneren Befruchtung:* Hier handelt es sich um eine Naturkonstruktion mit besonders vielfältigen und gravierenden Folgen – sie werden schlaglichtartig deutlich, wenn wir uns vergegenwärtigen, daß wir ganz selbstverständlich einerseits von der (männlichen) Samen»spende« sprechen, andererseits von der (weiblichen) »Empfängnis«. Für diesen Unterschied im »Geben« und »Nehmen« gibt es eine biologische Basis. Da das Kind im Körper des Muttertieres heranwächst, wird dieses in der Regel auch sehr viel stärker von der Brutpflege beansprucht. Keine Regel ohne Ausnahme: Es gibt Vogelarten, bei denen die Männchen die Eier ausbrüten, während die Weibchen das Revier bewachen. Bei den Säugetieren hingegen, bei denen die Weibchen auch noch die »Muttermilch« produzieren, kommt solches Verhalten nicht mehr vor. Erst beim Menschen, der der biologischen Evolution seine eigene Kultur überstülpt, können sich die Dinge abermals umkehren. Ein solcher kultureller »Kraftakt« muß stets die Naturgegebenheiten in Rechnung stellen, wie immer man sie bewerten mag. Unsere biologische Mitgift ist keine verpflichtende Erblast, aber sie ist auch kein bloßes Hirngespinst: Bei den Säugetieren sind die Männchen dafür konstruiert, möglichst viele Kinder zeugen zu können. Bei jeder Ejakulation werden so viele Spermien produziert, daß damit Hunderttausende von Frauen befruchtet werden könnten – bei den Weibchen ist die Zahl der Eizellen gering und die der möglichen Geburten noch geringer; andererseits ist schon durch die biologischen Ausgangsbedingungen (Schwangerschaft, Geburt und Stillen) einer intensiven Beziehung zum Kind der Weg bereitet. Es handelt sich offensichtlich um recht verschiedene Formen von »Zukunftsinvestitionen«: »Die weibliche Strategie der großen Investition ermöglicht die männliche Strategie der kleinen. Hierin liegt sicher auch ein biologischer Ursprung für die Ausbeutbarkeit des weiblichen Geschlechts.«[13]

Alles zusammengenommen, ist die biparentale Fortpflanzung in jener besonderen Ausprägung, die sie bei den Primaten und auch beim Menschen angenommen hat, ein sehr effektiver Vorgang. Wäre es anders, hätte das Menschengeschlecht nicht seinen Triumphzug über den gesamten Planeten antreten können. Allerdings ist dieser Fortpflanzungsprozeß auch störanfällig. Den Ursprung solcher Störungen dürfen wir vor allem in einer Sonderleistung des Menschen vermuten: in seinem reflektierenden Selbstbewußtsein und der davon geschaffenen Kultur. Diese Kultur hat eine sich zunehmend beschleunigende Eigendynamik entwickelt und sich von ihrer biologischen Basis weitgehend abgekoppelt. Unsere Wahrnehmung, unsere Reflexe, unsere Triebe und Instinkte folgen jedoch tendenziell noch immer einem wesentlich älteren Programm. Die kulturelle Überformung dieses biologischen Programms hat Folgen für die Art und Weise, wie wir uns als Eltern verhalten und wie wir mit unserer Nachkommenschaft umgehen.

Bevor ich am Ende dieses Kapitels auf die Frage eingehe, wozu Eltern gut sind, will ich mich deshalb zwei Themenkomplexen widmen, die die Abhebung der Kultur von ihrer biologischen Grundlage zum Thema haben. Sie sind aufeinander aufgebaut: *die Biologie der Kindheit* und *die Soziologie der Erziehung.*

* * *

Die Biologie der Kindheit

Ein Amseljunges und ein Gänseküken könnten verschiedener nicht sein – hier das unbefiederte Singvogeljunge, blind, weitgehend orientierungslos, der Fortbewegung unfähig; dort das Gössel mit seinem Daunenkleid, das sich mit offenen Augen orientiert, alsbald das Nest verläßt und sich watschelnd selber sein Futter sucht. Der Philosoph und Naturforscher Lorenz Oken (1779–1851)[14] hat diese beiden unterschiedlichen Typen als *Nesthocker* und *Nestflüchter* bezeichnet.

Das Menschenjunge ist jedoch weder dem einen noch dem anderen Typus zuzurechnen. Es wird nicht blind geboren wie der typische Nesthocker – im Gegenteil, seine Wahrnehmungsleistungen sind von Geburt an beachtlich. Der Gesichtssinn steht im Zentrum dieses Wahrnehmungsapparats: Der Mensch ist in erster Linie »Augentier«.[15]

Daß dem Blickkontakt zwischen dem neugeborenen Kind und der »primären Bezugsperson« ganz besondere Bedeutung zukommt[16], kann infolgedessen kaum verwundern. Beeindruckendes Material, das auch deutlich macht, daß die Fähigkeiten und Möglichkeiten des Neugeborenen über Jahrzehnte hinweg fälschlich als gering eingeschätzt worden sind, ist mittlerweile in zahlreichen Arbeiten zusammengetragen worden.[17] Zum Zeitpunkt der Geburt ist das Kind gut vorbereitet für eine aktive Auseinandersetzung mit seinen wichtigsten Bezugspersonen, insbesondere der Mutter. Auch Neugeborene reagieren bereits »selektiv und aktiv auf Schallfrequenzen im Bereich der menschlichen Stimmlage. Ihr Blick ist auf Objekte, die etwa

20 cm weit weg sind, am genauesten fokussierbar – das ist genau die Entfernung der Augen der Mutter, wenn der Säugling in der Position gehalten wird, die während der Brust- oder Flaschenfütterung üblich ist.«[18] Das Auge ist der »Kern« des menschlichen Gesichts, und seine Muskulatur ist von der Evolution auf eine Ausdrucks- und Signalfunktion hin fortentwickelt worden – jede Maske, auch die knappe, stilisierte Fastnachtslarve, deckt, um ihren Träger unkenntlich zu machen, als Minimum die Augenpartie ab.

Schon Säuglinge im Alter von fünfzehn Tagen folgen einem beweglichen Lichtfleck auf andersfarbigem Hintergrund gleicher Helligkeit mit den Augen – sie können also sowohl Farben unterscheiden als auch Bewegung wahrnehmen. Im Alter von sechs bis acht Wochen unterscheiden sie Gegenstände, die identische Netzhautbilder hervorrufen, an deren unterschiedlicher Entfernung – sie erschließen sich dabei die Tiefenstruktur des Sehraums mit den Mitteln der Parallaxe (Scheinbewegung bei seitlicher Augenmotorik), der Konvergenz (des Binnenwinkels der Sehachsen beider Augen) und der Querdisparation (der geringfügigen Verschiedenartigkeit des rechten und des linken Netzhautbildes).[19] Bereits mit drei Monaten können Kinder ihre Augen über die gesamte Entfernungsskala fokussieren (also »scharf stellen«) – wie der Mediziner F.-W. Deneke treffend geschrieben hat, können sie sehen, »was sie sehen wollen«.[20]

Zur frühen Wachheit menschlicher Sinne steht die Entwicklung der kindlichen Motorik allerdings in starkem Kontrast – sie verläuft so langsam, daß das menschliche

37

Kind deshalb auch als »sekundärer Nesthocker« bezeichnet worden ist.[21] Ungeachtet dessen, daß manche Kulturkreise die Bewegungsfähigkeit des Kindes durch Bandagieren (»Wickeln«) und ähnliche Prozeduren (»Steckbett«) noch zusätzlich einschränken[22] – kein anderes Lebewesen auf dieser Erde benötigt einen längeren Zeitraum, um »selbständig« zu werden (ein wirklich treffendes Wort), um »auf eigenen Füßen stehen« zu können. So »dauern die verschiedenen Entwicklungsstadien – bis zum Laufenlernen, bis zur Pubertät usw. – beim heranwachsenden Menschen gerade etwa doppelt so lange wie beim Schimpansenkind«.[23]

In dieser Zeit als »Tragling« ist das junge Menschenkind vor allem darauf angewiesen, von den Personen, die es umhegen, mit stofflicher, aber auch mit emotionaler »Nahrung« versorgt zu werden. Mit der Ausreifung des Bewegungsvermögens ändert sich die Szenerie dann in dramatischer Weise. Die Wechselwirkung von Gesichtssinn und Motorik eröffnet der Neugier und dem Spiel des Kleinkinds jetzt ganz neue Möglichkeiten, bei denen gerade die von der sogenannten Angstlust geprägte Unterbrechung des Blickkontakts zur Bezugsperson eine wichtige Rolle spielt: »Nicht mehr da!«-Spiele, Um-die-Ecke-Laufen und andere Aktivitäten werden von den Kindern dieses Alters sehr geschätzt.

»Das Baby krabbelt um die Ecke: fort ist die Mutter. Doch ist sie noch da, der Weg zurück noch möglich, ihre Arme noch offen? Endlos überprüft das Kind, indem es umkehrt, ob die Mutter lächelt oder womöglich seine Autonomieanstrengungen übelnimmt. Es ist die Bewegung, die das Gefühl gibt, jemand zu sein, unabhängig von der Mutter, im Wohnzimmer noch, wenn sie in der Küche bleibt, voller Mut und Eroberungslust einerseits und der gleichzeitigen Angst andererseits, das Abenteuer könnte zu gewagt und der Weg zurück versperrt sein. Das Kind erlebt den Grundkonflikt alles Lebenden: einerseits das Bedürfnis, sich weiter, sich ›fort‹ zu entwickeln, um unabhängiger zu sein, andererseits den Wunsch, zurückzukönnen, das Bedürfnis nach Austausch und Anlehnung. Dieser entwicklungspsychologische Grundkonflikt von Individuation und Austausch spielt sich auf dem Feld der Bewegung ab: die ersten eigenen Schritte sind tatsächlich wörtlich zu nehmen. Inwieweit das Kind diesen Konflikt meistert, hat maßgeblichen Einfluß auf sein Selbsterleben: Bin ich beschämend schwach und auf die Mutter angewiesen, die ich jederzeit zu verlieren fürchte, oder kann ich ohne ihre Hilfe großartige Taten vollbringen? Die ersten Individuationsschritte sind motorisch und nicht von der körperlichen Bewegungsfähigkeit und -lust zu trennen.«[24]

Bei dem entwicklungsfördernden Grundkonflikt, den der Psychoanalytiker Micha Hilgers hier eindrücklich beschrieben hat, spielen die Eltern und insbesondere die Mutter – anders als noch in der »Traglingszeit« – eine Rolle, die von der Kleinkindforschung mit dem Begriff »Sicherheitsbasis« (»secure base«) umschrieben worden ist. Das Kind wagt es, sich immer weiter von der Mutter zu entfernen und seine Umwelt spielerisch zu erforschen, gerade weil es um ihren Schutz und ihre Nähe weiß, und es wird sich von Zeit zu

Zeit – die Intervalle verlängern sich mit zunehmendem Alter – vergewissern, daß die Mutter noch in der Nähe ist. Wird diese Erwartung enttäuscht, stellt das Kind sein Explorationsverhalten ein und beginnt zu schreien, um die Mutter wieder herbeizurufen. Dieses Verhalten ist nicht menschentypisch, es läßt sich sowohl bei anderen Primatenarten wie auch bei anderen höheren Säugetieren beobachten: Löwenkinder beispielsweise »laufen zum nahe gelegenen Bach, patschen mit den Pfoten hinein und laufen mit den Wellen mit; sie jagen sich gegenseitig oder balgen sich; wenn sie einen auffälligen Gegenstand finden, so können sie stundenlang damit spielen. Aber alles geschieht nur, solange das Muttertier anwesend ist und ihnen Sicherheit gibt.«[25]

Das Menschenjunge durchlebt aber nicht nur eine erheblich längere Phase der Abhängigkeit und des Erwachsenwerdens, es muß sich in dieser Phase – und daher rührt wohl auch ihre extreme zeitliche Dauer – auf ganz anderen Gebieten als jedes Tierkind erkundend verhalten, zum Beispiel auf dem Feld des begrifflichen Denkens und der Sprache. Es muß zudem kulturelle Traditionen und Regeln erlernen, die in ihrer Komplexität und Vielfalt die Gegebenheiten in allen Tiergesellschaften um ein vielfaches übertreffen. Es leuchtet ohne weiteres ein, daß dieser Prozeß nicht nur in höherem Maße störungsanfällig ist, sondern daß er eben wegen seiner Kompliziertheit und Dauer auch besondere Sicherheits- und Zuwendungsbedürfnisse weckt.

Der deutsche Philosoph Johann Gottfried Herder hat vor

rund zweihundert Jahren den Menschen als den »Freigelassenen der Schöpfung« bezeichnet. Das bedeutet nicht, daß der Mensch den Vorprägungen durch die Evolution des Lebens restlos enthoben wäre; aber er hat durch seine besonderen Fähigkeiten und durch die ihnen geschuldete Kulturentwicklung neue Freiheitsgrade von enormer Bedeutung hinzugewonnen. Bildlich ausgedrückt: Die von »Mutter Natur« seit Jahrtausenden verteilten Karten bleiben im Spiel, haben ihre Geltung nicht verloren – aber das Spiel wird neu gemischt, und es kommen neue Trümpfe hinzu, desgleichen neue, zusätzliche Regeln. Das Spiel, das jetzt gespielt wird, ist kein vollkommen anderes, aber es ist erheblich komplizierter (es kann zum Beispiel höher gewonnen, aber auch schneller verloren werden).

Dies gilt auch für das Verhältnis des Menschen zu seinen Nachkommen. Es fußt auf einer biologisch geprägten Grundlage, ist aber nicht mehr fest damit verkoppelt. Unsere Elternrolle ist von der Evolution vorgebahnt; sie hat jedoch den strikt verpflichtenden Charakter verloren und neue Spielräume gewonnen. »Anders als die Tiereltern sind die menschlichen Erwachsenen einschließlich der leiblichen Mutter nicht durch die Natur dazu gezwungen, ihre Kinder nach den naturhaften, auf das Verhalten des Kindes zugeschnittenen Regeln zu behandeln. Ihre Beziehungen zum Kind können von dessen ersten Lebensminuten an im Sinne der menschlichen Unabhängigkeit und Entscheidungsfreiheit umgestaltet werden. Das kann dem Kind Vorteile und Nachteile bringen.«[26]

Den Eltern freilich auch. Denn die größere Entscheidungsfreiheit – die auch die Möglichkeit mit einschließt, auf die Elternrolle ganz zu verzichten, wie es ja, dem angeblichen »Egoismus der Gene« zum Trotz, immer häufiger geschieht[27] – ist häufig nur eine scheinbare. Zwar hat die biologische Evolution uns mit der Fähigkeit des reflektierenden Selbstbewußtseins und des vorausschauenden Planens ausgestattet[28] (vom »Probehandeln« hat Sigmund Freud, vom »Hantieren im Vorstellungsraum« Konrad Lorenz gesprochen) – aber diese Gabe erweist sich als zwiespältiges Geschenk, weil sie dem Menschen eine Fülle von Zukunftsängsten aufbürdet, bis hin zur Angst vor dem eigenen Tod, die das ganze Leben vergiften kann. Und zudem hat sie uns – zusätzlich zur biologischen Grundausstattung – durch unsere im Großhirn repräsentierten einzigartigen Fähigkeiten die spezifisch menschliche »kulturelle Evolution« verliehen und damit auch eine Menge neuer Zwänge. Einige davon hängen eng mit unserem Thema, dem Verhältnis zwischen den Generationen, zusammen.

Die menschliche Befähigung zur Kultur ist vor allem einem spezifisch anderen Umgang mit der Zeit und mit der Zeitlichkeit des eigenen Lebens zu verdanken. »Es gehört zu den eindrucksvollsten und von Tierkennern immer wieder bestätigten Schwächen vormenschlicher Daseinsbewältigung, wie wenig selbst die Vertreter intelligentester Tierarten zu vorausschauender Planung in der Lage sind«, konstatiert der Biologe Norbert Bischof.[29] »Kein Tier beschafft zum Beispiel in gesättigtem Zustande Nahrungsvorrat für künftigen Hunger, sofern nicht, wie bei manchen

Nagern und einigen Vögeln, einsichtsfreie Instinktketten dies erzwingen. Wir Menschen tun dergleichen ständig: Wir kümmern uns lange vor der Zeit etwa um ein Billett zum Besuch einer Theateraufführung oder eines Fußballspiels, um den Erwerb warmer Kleidung für den kommenden Winter an einem Hundstag im Spätsommer, um Zusammenstellung von Medikamenten für eine Reise in südliche Länder bei vorerst noch makellos funktionierender Verdauung, um Mitnahme eines Regenschirms bei noch unverdächtigem Himmel, um Geburtenverhütung und so fort. Zu solchem Handeln, das für die menschliche Daseinsbewältigung durchaus nicht erst im Zivilisationsstadium kennzeichnend ist, gibt es im tierischen Leben nur so spärliche und unvollkommene Ansätze, daß wir ein neues Konstruktionsprinzip vermuten dürfen.«

Aber wie im Alltagsleben gibt es auch in der Evolution des Lebens nichts Gutes umsonst – das neue Konstruktionsprinzip, die Zeitrepräsentation im menschlichen Selbstbewußtsein, hat auch seine Schattenseiten. Zum Preis, den wir hierfür zu zahlen haben, gehört das Wissen um die eigene Vergänglichkeit und Sterblichkeit, gehört die Zukunftsangst bis hin zu der jedem Tier fremden Neigung, dem eigenen Tod durch Selbstmord zuvorzukommen. Aber nicht nur die Zukunft, auch das Gewesene kann dem zeitbewußten Menschen zu einer quälenden Last werden. Denn »die Zeitachse, die beim Menschen in die Erlebnisaktualität einbezogen ist, hat nicht nur einen Ast, der in die Zukunft weist, sondern sie erstreckt sich auch zurück in die Vergangenheit ... Der Mensch ist dadurch nicht nur dem

Zwang ausgesetzt, um die Zukunft besorgt sein zu müssen, sondern er erfährt auch die Kalamität, Vergangenes nicht vergessen zu können.«[30]

Die Sorge vor der bedrängenden Zukunft einerseits, die lastenden Schatten der Vergangenheit andererseits – es liegt auf der Hand, daß diese mit der gewaltigen Vervielfachung menschlicher Möglichkeiten einhergehende Doppelbedrohung auch für das Verhältnis der Generationen von Bedeutung ist. Im Zusammenhang damit steht auch die menschliche Streitlust und Streitsucht, die ganz allgemein in den Eigentümlichkeiten unseres »intelligenten« Selbstbewußtseins wurzelt. Denn dieses Vermögen – so hat der als Science-fiction-Autor weltberühmte Schriftsteller Isaac Asimov, im »Hauptberuf« ein renommierter Professor der Biochemie, einmal geschrieben – bringt uns »zu der Erkenntnis, daß es so etwas wie den Kampf ums Überleben überhaupt gibt. Uns geht es nicht mehr um die bloße Nahrung, nicht mehr um das bloße tägliche Brot, nicht mehr um das bloße Überleben: Wir entwickeln vielmehr Taktiken, mit denen wir uns eine bessere Zukunft als andere sichern wollen. Bei anderen Spezies dauert der Streit um die Beute so lange, bis einer von beiden obsiegt und den Happen verschlingt. Der andere wird dann enttäuscht von dannen ziehen und sich etwas anderes suchen. Wenn das Futter verzehrt ist, hört der Streit auf. Die intelligenten Menschen können sich jedoch aufgrund ihrer Fähigkeit der Voraussicht ausmalen, daß zuwenig Nahrung auf Dauer zum Verhungern führen muß. Sie können sich darüber hinaus die Wahrscheinlichkeit des eigenen Verhungerns jederzeit ausrechnen. Entsprechend heftig und langanhaltend sind ihre Auseinandersetzungen um genügend Nahrung, und sie enden oft mit schweren Verletzungen oder gar mit dem Tod. Und selbst, wenn der eigentliche Kampf um die Nahrung zu Ende ist, wenn der Unterlegene ernste Verletzungen davongetragen und der Sieger das Essen längst verzehrt hat, kann die Auseinandersetzung immer wieder aufs neue aufflackern. Die Menschen sind intelligent genug, um Niederlagen in Erinnerung zu behalten ... Es gibt wahrscheinlich neben den Menschen keine weitere Spezies, die aus Rache tötet (oder zum Schutz vor Rache, denn tote Menschen können nichts mehr erzählen und auch keine Fallen mehr stellen)[31]: Dies liegt nicht etwa daran, daß Menschen schlechter als Tiere wären, sondern vielmehr daran, daß sie intelligenter sind als jene und sich lange und genau genug erinnern können, um überhaupt zur Rache fähig zu sein. Darüber hinaus gibt es für die anderen Spezies im wesentlichen nur drei Gründe für irgendwelche Auseinandersetzungen, nämlich Nahrung, Fortpflanzung und Nachwuchs. Dem Menschen scheint dagegen aufgrund seiner Fähigkeit der Vorausschau und Erinnerung nahezu jedes Objekt eine Auseinandersetzung wert.«[32]

Kein Tier, so kann an dieser Stelle festgehalten werden, ist zu einer ähnlichen Kulturentwicklung fähig wie der Mensch; kein Tier hat seine Nachkommen in einem ähnlich langen Prozeß zur Kulturfähigkeit heranzubilden. Dies bedeutet aber auch: Bei keinem Tier ist das Erwachsenwerden, das so großartige Möglichkeiten eröffnet, derart belastet. Bei keinem Tier kann im Verlauf einer sich verselbständigenden Kulturentwicklung jener Konflikt zwischen Alt und Jung entstehen, der für die menschliche Art so typisch ist und den man als »Diktatur der Alten« bezeichnen könnte – eine Vorrangstellung der »alten Männchen«, die ausschließlich kulturell abgesichert ist, nämlich durch Religion, Traditionen und Brauchtum, und in der biologischen Evolution keine Grundlage besitzt.[33] Unter evolutiven Gesichtspunkten ist ein Individuum für die Weiterverbreitung seines Genmaterials nämlich um so entbehrlicher, je mehr es zu dessen Verbreitung bereits geleistet hat – die Entbehrlichsten sind danach im allgemeinen die Alten. In der Mehrzahl der Tiergemeinschaften ist dieser Grundsatz auch praxisrelevant. Sowohl bei Insekten wie bei Säugetieren werden alte Individuen, wenn sie bei der Gemeinschaft verbleiben, den höchsten Risiken ausgesetzt: Bei Ameisen und Bienen versehen die ältesten Arbeiterinnen den Außendienst, bei der australischen Baumameise (Oecophylla smaragdina) leben sie sogar außerhalb des Nestes gleichsam in vorgeschobenen Außenposten; beim freilebenden Mantelpavian (Papio hamadryas) gehen die Weibchen nach der Menopause auf der Gefahrenseite der umherschweifenden Gruppe und betreten häufig als erste unbekanntes Gelände und so fort. Eine Alternative dazu ist, daß die gealterten Individuen als gruppenferne Sonderlinge ein einzelgängerisches Dasein führen, bis sie der Tod ereilt – etwa so, wie es die alten Elefantenbullen tun. Der Biologe Hans Kummer, der die hier zitierten Befunde zusammengestellt hat, wunderte sich dabei: Wir Menschen, hat er erstaunt notiert, »verhalten uns eher umgekehrt«.[34] Kummers etwas sonderbar anmutende Forderung: »Aus ethischen Gründen ... wäre es angebracht, wenn die Bekämpfung eines Reaktorunfalls von Menschen der postreproduktiven Phase übernommen würde.«

Zusammenfassend heißt das also: Die »Ausstattung«, mit der jeder Mensch in diese Welt hineingeboren wird, insbesondere unser genetisches Inventar, begrenzt zwar den Spielraum unserer Möglichkeiten, aber sie bestimmt in keiner Weise vorher, was wir tun sollen. So folgt beispielsweise aus der offensichtlichen Unterschiedlichkeit von Männern und Frauen nicht, daß die Gesellschaft ihnen – wie es jahrtausendelang der Fall gewesen ist – unterschiedliche Rechtspositionen zubilligen müßte. Ähnlich steht es mit den Leitbildern, die bei der Erziehung der Kinder maßgeblich sind, ja sogar bei der Frage, ob ein Individuum sich überhaupt fortzupflanzen wünscht. Der Harvard-Wissenschaftler Steven Pinker, evolutionstheoretischen und soziobiologischen Denkweisen durchaus zugetan, hat dies in klassische Worte gefaßt, als er betonte, er persönlich habe sich nun einmal für die Kinderlosigkeit entschieden – falls das seinen Genen nicht gefalle, so sollten sie eben von der nächsten Brücke springen ...[35]

Gerade wegen der kulturellen Flexibilität, die unsere genetische Ausstattung überformt (und bisweilen in Gegensatz zu ihr gerät), gehören Probleme zwischen den Generationen zu den am häufigsten erörterten Themen des zwischenmenschlichen Zusammenlebens – seit Beginn unserer Geschichte bis heute.[36] Unser menschliches Wesen ist nun einmal durch Zukunftsangst einerseits, durch die Unfähigkeit zum Vergessen andererseits gekennzeichnet. Und wo sollte sich diese Eigenart stärker auswirken als im Verhältnis der Generationen?

* * *

Die Soziologie der Erziehung

Erziehung ist ein Kulturphänomen. Aber was ist Kultur? Sie ist, schreibt die Anthropologin Imogen Seger, deren Definition ich mich anschließen will,»ein Symbolsystem, mit dem eine menschliche Gemeinschaft die erfahrene Wirklichkeit ordnet, darstellt, erklärt. Eine Kultur ist die gemeinsame Anstrengung, das Miteinander der Menschen innerhalb der Gemeinschaft und ihre Beziehungen zur gesamten Umwelt zu regeln, vorhersehbar und beherrschbar zu machen. Eine Kultur ist das Ergebnis kollektiver Erfahrungen, die durch Kommunikation verarbeitet, gesiebt und interpretiert werden, wobei die häufigsten und wichtigsten Erfahrungen die Leitthemen abgeben und von nun an bestimmen, wie die Angehörigen dieser Kultur neuen Erfahrungen begegnen ... Eine Kultur wird von Generation zu Generation weitergegeben, wird dem neugeborenen Mitglied der Gesellschaft dargeboten wie die Luft, das Licht, die Nahrung – es gibt keine andere.«[37]

Diesen Prozeß, durch den das heranwachsende Individuum lernt, gemäß den Regeln seiner Kultur ein soziales Wesen zu werden, hat man als *Enkulturation* oder als *So-*

zialisation bezeichnet (von den meisten Wissenschaftlern werden diese Begriffe als miteinander gleichbedeutend gebraucht). Normalerweise machen wir uns kaum eine Vorstellung von der Vielschichtigkeit dieses Vorgangs, der keineswegs von inneren Widersprüchen frei ist: »Das heranwachsende Kind assimiliert, meist ohne es zu realisieren, die unausgesprochenen Werte der Gesellschaft. Ein Junge, der von seinem Vater gerügt wird, weil er einen anderen Jungen geschlagen hat, spürt vielleicht auch die heimliche Zustimmung seines Vaters für sein ›männliches‹ Verhalten. Ein schwarzes Kind, dem ein weißes Kind vorgezogen wurde, wird schwerlich glauben, was der Lehrer über soziale Gleichheit sagt ...«[38]

Wie auch immer die sozialen Verhältnisse aussehen mögen, in die ein Kind hineingeboren wird – trotz weitverbreiteter Träumereien von der vermeintlichen Sanftheit und Permissivität archaischer Gesellschaftsformationen ist die Kindheit »nirgendwo eine völlig sorgenfreie Lebensepoche«.[39] Im Gegenteil, wie das folgende Beispiel zeigt: »Im Hochland von Papua-Neuguinea leben unter vielen Kriegerstämmen die Sambia. Bis ungefähr zum zehnten Lebensjahr sind die Jungen und Mädchen in fast ausschließlicher Obhut ihrer Mütter. Sie werden intensiv und manchmal jahrelang gestillt und sehen ihre Väter, die unter sich in Männerhäusern leben, kaum. Danach werden die Jungen strengen, überaus grausamen und traumatisierenden Initiationsriten unterzogen, indem sie abrupt von ihren Müttern getrennt, in den Wald gejagt, ausgehungert und blutig geschlagen werden. Danach beginnt im Männerhaus die Einführung in die Sexualität, indem junge Männer Fellatio mit ihnen machen und sie deren Samen trinken müssen, der sie zu Männern machen soll. Mit ihren Müttern oder mit anderen Frauen dürfen sie über viele Jahre keinen Kontakt mehr haben.«[40]

Diese Schilderung könnte den Eindruck erwecken, daß die Aggression Alt gegen Jung vorwiegend Männersache sei. Doch die auf Kinder gerichtete Aggressivität der Erwachsenen ist keineswegs geschlechtsspezifisch – es gibt einfach zu viele Gegenbeispiele. Da sind die Sioux-Frauen, die den von ihnen gestillten Kindern, wenn diese sie in die Brustwarze beißen, kräftig auf die Köpfe schlagen, um sie wütend zu machen, wodurch sie gute Jäger werden sollen;[41] unter den Ifaluk, einem zahlenmäßig kleinen Volk auf der Karolinen-Inselgruppe in der Südsee, werden die Neugeborenen während der ersten drei Lebensmonate von der Großmutter dreimal täglich, beginnend am frühen Morgen, einem intensiven Kaltwasserbad ausgesetzt (der Anthropologe M. E. Spiro hat berichtet, er sei jeden Morgen durch schreckliches Schreien und Kreischen geweckt worden).[42] Bei den Tallensi im Norden Ghanas bzw. der Elfenbeinküste schütten die Mütter schon im Wochenbett ihren Kindern heißes Wasser, gemischt mit Kräutern, die Kehle hinunter, andere Stämme traktieren ihre Nachkommen mit schmerzhaften Einläufen. Weitere Beispiele sind leicht zu finden, aber schon die erwähnten Fälle zeigen, daß die Vorstellung, bei »Naturvölkern« sei »das verlorene Glück« zu finden, wie dies vor einigen Jahren ein wenig durchdachter Bestseller nahegelegt hat,[43] sich bei genauerem Hinsehen rasch als romantisches Wunschbild frustrierter Großstadtbewohner erweist.

Was wir heute als »elterliche Fürsorge« oder als »Mutterliebe« zu bezeichnen gewohnt sind, erscheint uns als eine Art von Naturgegebenheit. Genau das aber ist nach allem, was wir wissen, nur sehr bedingt der Fall. Gewiß existiert eine genetisch vorprogrammierte Bindung und Fürsorgeneigung insbesondere der Mutter zum Kind; jedoch ist diese keineswegs derart strikt, daß sie nicht durch individuelles Handeln – ob nun im Einklang mit den kulturellen Normen oder im Gegensatz dazu – zu unterdrücken wäre. Jedenfalls ist das Ausmaß von Fürsorge, das Eltern ihren Kindern erweisen, alles andere als eine konstante Größe, und zwar weder »von Natur aus« (also durch die von der Evolution genetisch fixierten Verhaltensprogramme) noch durch die vielfältigen Wertvorgaben, wie sie in der Kulturgeschichte entwickelt wurden. Jede Gesellschaft hält eine Reihe von Einflußquellen (»Sozialisationsagenten«) bereit, die den komplexen und komplizierten Sozialisationsprozeß befördern. Diese Sozialisationsagenten können zwar sehr unterschiedliche Ausprägungen annehmen, lassen sich aber letztlich doch – quer durch die verschiedenen Kulturen – immer wiederkehrenden Gruppen zuordnen. Diese Zuordnung kann soziologischen Kriterien folgen (zum Beispiel durch Unterscheidung verschiedener Aufsichtspersonen, von Eltern, Geschwistern, gleichaltrigen Kameraden und so fort) oder sich an den Inhalten orientieren (etwa indem Belohnungen von Strafen, Spott von religiösen Zeremonien unterschieden werden ...).

Aufsichtspersonen: Insbesondere während der ersten Lebensmonate des Kindes spielen *Eltern, Geschwister* und andere *Verwandte* die Hauptrolle bei der Versorgung und Beaufsichtigung, wobei immer Strategien zur Verhaltensmodifikation in die Fürsorge mit eingebaut sind. Wird das Kind älter und motorisch agiler, kommt der Interaktion mit der Gruppe der *Gleichaltrigen* immer größere Bedeutung zu; der von ihnen ausgeübte *Kameradschaftsdruck,* der sich in den Industriegesellschaften freilich abmildert und weitgehend auf Kindergarten und Schule beschränkt, ist insbesondere in archaischen Stammesgesellschaften ein wesentliches Mittel zur Herstellung von Konformität (siehe dazu auch Kapitel 7, S. 183 ff.). Als Sanktionen gegen abweichendes Verhalten sind *Spott* und *Ausgrenzung* von großer Bedeutung, auch die drohende Vergeltung durch *übernatürliche Kräfte* spielt eine nicht geringe Rolle (»Der liebe Gott sieht alles!«).

Andere Sozialisationsfaktoren wie zum Beispiel Blutrache oder das Fehdewesen spielen in der modernen Industriegesellschaft zum Glück keine Rolle mehr. Für unsere neuzeitliche Form des Zusammenlebens ist neben der Schaffung von Institutionen wie der *Schule* und, darüber noch weit hinausgehend, der Schulpflicht[44] vor allem die Verinnerlichung von Werten und Normen wichtig: Das Selbst wird gleichsam zum sich selber manipulierenden Sozialisationsagenten. In der Fortentwicklung »vom Fremdzwang zum Eigenzwang« hat der Soziologe Norbert Elias in seinem bahnbrechenden Werk über den »Prozeß der Zivilisation« dessen Haupteigentümlichkeit erblickt.[45]

»Die Verbreitung bürgerlicher Tugenden ist notwendig verbunden mit verstärkter Affektkontrolle, zu deren Durchsetzung der Erziehungsprozeß ... in den Vordergrund tritt ...
In diesen allgemeinen Erziehungsmaßnahmen, die ab dem
späten 18. Jahrhundert mit der allmählichen Etablierung
der Schule und der Schulpflicht auch von den staatlichen
Instanzen weiter verstärkt werden, liegen die Wurzeln für
die Ausbreitung gesellschaftlicher Normen und die Her-
ausbildung des bürgerlichen Individuums, das den Fremdzwang verinnerlicht hat und seine Affekte selbst kontrolliert. Im Zuge des gesellschaftlichen Differenzier-
ungsprozesses und der gewandelten Abhängigkeiten
bedeutet Affektkontrolle nicht nur Unterdrückung eigener
Impulse, sondern gleichermaßen auch einen Schutz vor
diesen, die zerstörerisch sein können, und vor der eigenen
Angst ...«[46] – so der Sozialwissenschaftler Thomas Kleinspehn. Und ein anderer Soziologe merkt an: »Ein hohes
Maß an Affektkontrolle, die mit der Beherrschung der un-
mittelbaren Körperfunktionen beginnt und mit dem ständi-
gen Ertragen aufgeschobener Befriedigungen nicht endet,
ist offenbar eine funktionale Notwendigkeit für eine organi-
satorisch und technologisch derart komplexe Gesellschaft wie die unsrige.«[47] Soweit besteht offensichtlich Ei-
nigkeit.[48]

Es ist allerdings dringlich geboten, sich die konkreten
Folgen jener Entwicklung deutlich zu machen, die hier in
dürrer Soziologensprache beschrieben worden ist. Die
Konsequenz dieses Prozesses besteht ja nicht nur darin,
daß die Eltern unter dem Druck der Idealvorstellung, »im-

mer bessere Eltern« werden zu sollen und verstrickt in die damit verbundene Fülle von Pflichten und Notwendigkeiten, die das Gemeinwesen ihnen auferlegt, ihre widerstrebenden,»destruktiven« Gefühle kaum noch wahrnehmen, geschweige denn ausleben können (bis es sie dann vielleicht irgendwann »überkommt« –»Wir wußten selber nicht, wie!« – und die Familie wieder einmal zum Schauplatz gewalttätiger Auseinandersetzungen wird …). Welche Folgen es für die Kinder nach sich zieht, wenn einerseits immer mehr Normen verinnerlicht werden, andererseits der ohnehin relative »Freiraum Kindheit« durch äußere Zwänge wie zunehmenden Straßenverkehr und kleinere Wohnungen immer weiter eingeengt wird, wurde auf einem Amsterdamer Kongreß über »Kinder und ihr städtisches Lebensumfeld« deutlich:

>»Die meisten Kinder dürfen heute nicht mehr alleine draußen spielen oder haben wegen eines dichtgedrängten Terminplans keine Zeit dazu. Da sie sich kaum noch unbeaufsichtigt bewegen, werden sie spät selbständig. Diese These vertrat die niederländische Sozialgeographin Lia Karsten … Kinder aus der Mittelschicht wachsen nach den Erkenntnissen von Karsten heute in viel stärkerem Maß unter den wachsamen Augen von Erwachsenen auf als etwa noch in den sechziger Jahren. ›Früher durften manche Kinder schon mit vier Jahren allein auf die Straße‹, sagte Karsten. ›Heute kommt das kaum noch vor.‹ Die Wis-

senschaftlerin sieht dafür mehrere Gründe: Viele
Eltern halten die Straße wegen des Verkehrs und
der Kriminalität für zu gefährlich. Hinzu komme,
daß viele Eltern für ihr Kind ein straffes Nachmit-
tagsprogramm zusammenstellten ...«[49]

Jener Vorgang, den die Anthropologen unter dem Begriff
»Sozialisation« fassen und den die Industriegesellschaft
unserer Tage als »Erziehung« zu bezeichnen pflegt, ist also
ganz erheblich unter Druck geraten: Immer weniger Eltern
ziehen überhaupt noch Kinder groß, und wenn, dann in
immer kleineren Familien; sie überfordern sich dabei mit
heroischen Zielen und Ansprüchen, müssen sich in einem
harten Wettbewerb gegen eine zunehmend verständnis-
lose, ja kinderfeindliche Umwelt wehren und eine immer
größere Anzahl von kleinen, aber allgegenwärtigen Verpflichtungen erfüllen – vom Elternsprechtag bis zur steuer-
lichen Anrechnung des Kinderfreibetrags. Die Soziologin
Elisabeth Beck-Gernsheim hat in einem kritischen Kommentar zur derzeitigen Kleinkindforschung auf dieses Dilemma hingewiesen:

»Vielleicht, so meine Vermutung, würden die
Frauen manchmal auch lieber gelassen mit dem
Kleinkind spielen und schmusen, statt im Dauer-
lauf den Zeitvorgaben der Moderne zu folgen. Oft
tun sie's ja auch – und stehen dann vor verschlos-
senen Türen (beim Supermarkt, bei der Apo-
theke, beim Amt), müssen die strafenden Blicke

der Umwelt ertragen, gelten als ›unpünktlich‹,
›unorganisiert‹, ›ineffektiv‹. Was also im Binnen-
verhältnis zum Kind wichtig ist, wird in der Außenwelt häufig zur Störung, weil da andere Zeit-
rhythmen gelten.«[50]

Unsere moderne Zivilisation erfordert in immer höherem
Maß »Synchronisationsleistungen«, zum Beispiel die ständige Abgleichung der verschiedenen Terminpläne, und das
unter wachsendem Zeitdruck;[51] zumindest im häuslich-
familiären Bereich bleibt dies meist Aufgabe der Frauen,
denen andererseits die Vernachlässigung ihrer Kinder vor-
geworfen wird.

Zusammengefaßt: Während die Gesellschaft durch
wachsenden Zeit- und Leistungsdruck sowie durch eine
erhebliche finanzielle Belastung den Lebensweg der Familien erschwert, werden zugleich die Forderungen, die
Eltern erfüllen müssen, um »gute« Eltern zu sein, ständig
erhöht. Viele Eltern haben diese Erwartungen stark verinnerlicht und interpretieren jede Form des Konflikts zwischen den Generationen sofort als Zeichen eigenen Ver-
sagens. Möglicherweise haben sie sich erst spät entschlossen, Eltern zu werden, haben die Geburt ihres Kindes
ebenso lange geplant wie dessen Werdegang und schuli-
sche Karriere, nehmen für all das berufliche Nachteile und
finanzielle Belastungen in Kauf. In ihrem Bekanntenkreis
finden sie sich in der Rolle einer Minderheit wieder, denn
die Zahl der kinderlosen Menschen wächst ständig weiter
an. Es leuchtet unmittelbar ein, daß sich diese Dennoch-

Eltern zum Dank für ihr Wagnis ein gerüttelt Maß an seelischen Streicheleinheiten erhoffen. Da die Gemeinschaft ihr Engagement aber keineswegs belohnt – eher im Gegenteil! –, richten sich solche Erwartungen dann in erster Linie an die eigenen Kinder. Und damit ist neben allen anderen Konflikten noch ein weiterer vorprogrammiert. Denn die Kinder sehen die Dinge rundweg anders – etwa so, wie es mein Sohn Dominik formulierte, als ich ihn fragte, wozu denn seiner Meinung nach Eltern gut seien: »Putzen, kochen, vorlesen, schmusen – in dieser Reihenfolge.«

* * *

Wozu sind Eltern eigentlich gut?

Die Frage so zu formulieren, bedeutet die Perspektive des Kindes einzunehmen. Das macht durchaus Sinn, denn genau das tut ja auch die Evolution, wenn sie den Fortpflanzungserfolg belohnt und damit die Ausbreitung bestimmter genetischer Kombinationen fördert: Diejenigen Eltern werden »prämiert«, die am meisten für das Weiterleben ihrer Kinder tun. Auch die vielfältigen kulturellen Hinzufügungen und Verformungen können daran nur wenig ändern. Die wichtigste Akzentverschiebung ist die nach der Qualität des Lebens: Für die biologische Evolution zählen nur die Nachkommen, die sich ihrerseits vermehren, also zur Weiterverbreitung der Gene beitragen. Die kulturelle Evolution erweitert – zum Glück – das Gesichtsfeld. Dies freilich in vielfältiger Weise: Bei den Sioux-Indianern und den alten Spartanern mochten diejenigen als die besten Eltern gelten, die die härtesten Krieger erzogen. Heute sehen wir die Dinge etwas differenzierter.

Während also die Frage nach der Funktion der Eltern biologisch geprägt ist, umfaßt die Antwort auf diese Frage – der Doppelgängernatur des Menschen entsprechend – eine biologische und eine kulturelle Dimension. Dennoch läßt sich eine beide Aspekte umgreifende Grundstruktur ermitteln. Grob gesagt, sind Eltern:

- erstens *Nährstoffbasis* und
- zweitens *Trainingspartner*

für ihre Kinder.

Diese Doppelantwort macht klar, daß Eltern in beiden Funktionen nur vorübergehend von Nutzen sind – es kann sogar hinderlich und hemmend sein, wenn sie ihre Funktion übermäßig lange ausüben. Wenn Eltern genau dies dennoch tun, handeln sie in ihrem eigenen Interesse und *nicht* im Interesse ihrer Kinder. Mit anderen Worten: Zur Rolle der Eltern gehört es, sich selbst entbehrlich zu machen. Daß dies eine seelische Belastung bedeuten kann, liegt auf der Hand. Viele Eltern neigen allerdings dazu, mit diesem Problem »Schwarzer Peter« zu spielen und die selbst empfundene Belastung an ihre Kinder weiterzugeben. »Gute« Eltern wird man nicht zuletzt daran erkennen, daß sie bei ihren Kindern nicht »landen« können, wenn sie etwas in dieser Art versuchen – weil sie ihre Kinder nämlich schon vorher gegen derartige Versuchungen immunisiert haben. »Gute« Eltern müßten in der Lage sein, diesen flüchtigen Schmerz gelassen zu ertragen und den richtigen Moment zu erkennen, wann es Zeit ist, in Würde abzutreten – ein Prozeß, der sozusagen »auf Raten« geschieht und mit dem Tod seinen Abschluß findet. Denn auch das gehört zur Funktion der Eltern: Leben hat für neues Leben Platz zu machen. Doch es hat den Anschein, als habe die kulturelle Prägung des Menschen dafür gesorgt, daß es ihm »gegen den Strich« geht, also mächtige widerstrebende Gefühle freisetzt, wenn er vor der Notwendigkeit steht, sich über die Forderung nach dem eigenen »Überflüssigwerden« ehrlich und ungeschminkt Rechenschaft abzulegen. Das reflektierende Selbstbewußtsein des Menschen und sein Medium, die Kultur, haben damit der Elternrolle einen grundlegenden Zwiespalt eingepflanzt, einen inneren Widerspruch, aus dem letztlich all die Schwierigkeiten und Probleme folgen, die Thema dieses Buches sind.

Die Eltern als Nährstoffbasis:
Die Redewendung von den »Nährstoffen« ist metaphorisch und wörtlich zugleich zu verstehen. Säugling und Kleinkind können sich nicht selbst ernähren – sie sind auf die Zufuhr von Wasser und Nahrung, von Vitaminen und Mineralien angewiesen. Sie benötigen Kleidung, jedenfalls in unseren Breiten, und bedürfen der Körperpflege. Nicht minder lebenswichtig sind Körperkontakt und die Zufuhr von Informationen – die Gewißheit, versorgt und beschützt zu sein, das Gefühl, geliebt zu werden, die Erfahrung von Anerkennung und Wertschätzung. All diese »ideelle Ernährung« läßt sich mit dem Bild vom »Glanz im Auge der

Mutter« zusammenfassen, den ein Kind sehen muß, um sich gesund entwickeln zu können (ein geniales Bild, das der amerikanische Psychoanalytiker Heinz Kohut populär gemacht hat und das uns abermals auf die Bedeutung des Gesichtssinns für die Regulation der zwischenmenschlichen Beziehungen verweist).

Die Eltern als Trainingspartner:
Auch wenn der Mensch keineswegs das instinktlose Wesen ist, das viele Anthropologen und Psychologen lange Zeit in ihm zu sehen glaubten, spielen Lernvorgänge bei der Bewältigung des Lebens eine entscheidende Rolle. Eltern sehen sich gerne als Lehrer ihrer Kinder, und natürlich sind sie das auch. Aber nur bis zu einem gewissen Grad, den die Eltern vor lauter Stolz auf ihre wichtige und bedeutende Rolle meist entschieden *zu hoch* ansetzen. Mindestens ebenso wichtig sind sie in einer anderen Rolle, nämlich der eines Versuchsobjekts, an dem die Kinder das, was sie – wo auch immer – neu erfahren haben, praktisch erproben wollen.

»Du Arschficker!« brüllt mein Sohn mich wütend an (ich verschweige diesmal lieber, welcher der beiden ...), als ich ihm irgend etwas, was er gerne tun wollte, nicht gestattet hatte. Und das ausgerechnet, als zu allem Überfluß auch noch Besuch im Haus war. Der Junge war damals sieben Jahre alt, und natürlich hatte er keine Ahnung, was dieses Wort bedeutet. Daß man damit Wirkung erzielen kann, war ihm freilich durchaus klar – und das gelang ihm auch; ich reagierte in der Tat ziemlich überrascht, allerdings längst nicht so überrascht wie die Freundin meiner Frau, die leise, aber bestimmt sagte:»Ich glaube, wir gehen jetzt besser ...«

Ich meine nicht, daß Eltern immer gelassen und heiter auf die Provokationen ihrer Kinder reagieren müssen (etwa, im zitierten Fall, nach der Art:»Ach, das ist ja wirklich prima, daß du wieder einmal deinen Wortschatz erweitert hast, Liebling ...«). Ich meine nicht einmal, daß sie so reagieren *sollen*. Kinder wollen wissen, was geschieht, wenn sie sich in extremer Weise verhalten, und es ist wichtig, wenn sie erfahren, daß in solchen Fällen möglicherweise auch ihre Umgebung zu extremen Reaktionen neigt. Wer sie gegen eine Gummiwand aus ständiger Gleichmut und wohltemperierter Fröhlichkeit laufen läßt, nimmt ihnen diese Lernerfahrung und sorgt vermutlich dafür, daß sie beim nächsten Versuch zu härteren Mitteln greifen. Wichtig ist allerdings nicht nur die erlebte, lebendige Reaktion, sondern vor allem, daß sie hinterher erläutert wird. Das wiederum hat nur dann Zweck, wenn es wirklich zu einer offenen und ehrlichen Diskussion kommt (ich selber neige eher zu impulsivem Verhalten – oft genug habe ich, wenn ich wieder einmal»explodiert« war, hinterher bei meinen Kindern dafür um Entschuldigung gebeten. Dies freilich nicht ohne den Hinweis: Wer einen anderen Menschen bis aufs Blut reizt, muß damit rechnen, daß dieser irgendwann die Kontrolle verliert ...).

Es wird in diesem Buch noch viel von den Funktionen der Eltern die Rede sein, auch von den psychischen Schwierigkeiten, sich mit einer so umrissenen Rolle ab- und in ihr zurechtzufinden. Eines soll aber zum Ende dieses Kapitels noch einmal ganz deutlich gesagt werden: Wenn wir Kinder aufziehen wollen, sollten wir dieses schwierige Geschäft nicht noch unnötig mit dem Wunsch belasten, die besten aller Eltern sein zu wollen. Die »besten Eltern« gibt es nicht. Wer sich dennoch auf dieses Ziel versteift, wird gerade das Gegenteil erreichen, denn ein solcher Größenwahn ist alles andere als kindgerecht. Wir sollten uns besser damit zufriedengeben, »gut genug« für unsere Kinder zu sein – gut genug, damit sie das bekommen, worauf sie angewiesen sind, und damit sie lernen können, was sie wissen müssen, wenn sie *nicht* mit uns zusammen sind.

Eine Mischung aus Futterkrippe und Punchingball zu sein, kann im Einzelfall ganz schön schwierig werden. Diese Schwierigkeiten rühren vor allem daher, daß wir auf die emotionalen Erschütterungen, die eine derartige Rolle mit sich bringt, nicht vorbereitet sind. Wir erwarten etwas anderes – glückliche Kinder, die uns jeden Tag aufs neue zeigen, daß wir die tollsten aller Eltern sind. Doch damit haben wir das, was unsere Aufgabe wäre, schon verfehlt. Denn Eltern, deren Eigenschaften und deren Verhalten von ihren Kindern als »böse«, das heißt als gegen die eigenen Interessen gerichtet und die eigenen Bedürfnisse hemmend, erlebt werden, sind unbedingt notwendig, um durch die innere und äußere Auseinandersetzung mit solchen Widerständen selbstbewußt und erfolgreich werden zu können.

Wichtig ist freilich, daß diese »bösen« Eltern auf die Aggressivität ihrer Kinder akzeptierend und konstruktiv reagieren. Das ist leichter gesagt als getan. Die Kinder als eigenständige Wesen anzuerkennen, mit eigenen Interessen, die keineswegs immer mit denen der Eltern übereinstimmen – das ist der erste Schritt. Der Wunsch, diese Interessen durchzusetzen, ist ebenso berechtigt wie der entsprechende Wunsch der Eltern; diskussionswürdig und unter Umständen problematisch sind allein die dazu angewandten Mittel. Es gibt auch kindliche Wünsche, die gezielt frustriert werden müssen – etwa der Wunsch, heute nicht in die Schule zu gehen, Eiscreme statt Obst zu essen und so fort. Nur durch »Gehversuche« auf diesem Feld, die nicht von vornherein mit einem moralischen Tabu belegt werden (»Wer schreit, hat unrecht ...« / »Wenn du so zu deiner Mutter bist ...«), können die Kinder einen vernünftigen Umgang mit eigener und fremder Aggressivität trainieren. Eltern, die »für alles Verständnis« haben und Konflikten aus dem Weg gehen, weil ihnen ein »harmonisches« Verhältnis zu ihren Kindern als höchster Wert gilt, sind im Endeffekt wohl ebenso schädlich für die kindliche Entwicklung wie Eltern, die ihr Kind ablehnen und vernachlässigen – wie Eltern, die jedes Bedürfnis ihrer Kinder nach Selbständigkeit und Autonomie als Feindseligkeit interpretieren zu müssen glauben und es deshalb im Keim zu ersticken versuchen.

Der modernen Einstellung, Kinder einerseits stark zu fordern und zugleich zu vernachlässigen (vor allem, was das Maß an Zeit betrifft, das wir ihnen noch widmen können), sie andererseits aber über Gebühr zu verwöhnen, wohnt zu einem nicht geringen Teil wohl auch der – sehr berechtigte – Versuch inne, sich bewußt abzusetzen von einer geschichtlichen Entwicklung, die auch im Verhältnis der Generationen zueinander über Jahrhunderte hinweg eine nur dürftig bemäntelte Gewaltgeschichte gewesen ist. Diesen Dauerkrieg zwischen Alt und Jung hat Theodor Fontane in einem kurzen Gedicht meisterlich zusammengefaßt:

Unverständlich sind uns die Jungen
Wird von den Alten beständig gesungen;
Meinerseits möcht ich's damit halten:
Unverständlich sind mir die Alten –
Dieses am Ruder bleiben wollen
In allen Stücken und allen Rollen,
Dieses sich unentbehrlich Vermeinen
Samt ihrer Augen stillem Weinen,
Als wäre der Welt ein Weh getan –
Ach ich kann es nicht verstahn.
Ob unsre Jungen, in ihrem Erdreisten,
Wirklich was Besseres schaffen und leisten,
Ob dem Parnasse sie näher gekommen
Oder bloß einen Maulwurfshügel erklommen,
Ob sie, mit andern Neusittenverfechtern,
Die Menschheit bessern oder verschlechtern,
Ob sie Frieden sä'n oder Sturm entfachen,
Ob sie Himmel oder Hölle machen –:
EINS läßt sie stehn auf siegreichem Grunde:
Sie haben den Tag, sie haben die Stunde;

Der Mohr kann gehn, neu Spiel hebt an,
SIE beherrschen die Szene, SIE sind dran.

Im folgenden werfen wir einen kurzen Seitenblick auf diesen Kriegsschauplatz. Erst danach wollen wir uns fragen, was es denn Drittes geben könnte zwischen diesem unerbittlichen Dauerkrieg einerseits und den harmoniesüchtigen Hymnen auf Friede und eitel Freude andererseits.

3

Gibt es einen »Krieg der Generationen«?

Zwischen Menschen männlichen und weiblichen Geschlechts herrscht bekanntlich eine starke Anziehungskraft. Diese führt zu den verschiedenartigsten Gesellungsformen, von der Verabredung für eine Nacht bis zur dauerhaften Partnerschaft. Und obwohl ihre Zahl tendenziell abnimmt, gibt es immer noch Paare, die sich in die Überzeugung teilen, daß es zur Gemeinsamkeit »dazugehört«, miteinander Kinder zu haben. Aber auch bei erwünschter Nachkommenschaft sind böse Überraschungen möglich, wie sie zu Zeiten, als es nur eine sehr fragwürdige Art von Empfängnisverhütung gab, an der Tagesordnung waren. So ist, was wie ein Nachhall jener Tage klingt, heute so wahr wie damals:

> »Das vielzitierte ›Liebesglück‹ endet sehr häufig mit der Geburt des ersten Kindes. Dann ist plötzlich alles vorbei, was vorher für das junge Paar das Wichtigste war und von dem die beiden glaubten, es könne ein ganzes Leben lang andauern. Viele halten diese Entwicklung für eine Art Naturgesetz. Das stimmt nicht. Die meisten Paare

verlieren ihre Liebe nicht – sie geben sie freiwillig auf, wenn auch unwissentlich. Sie tun's der Kinder wegen. Ihnen opfern sie ihre persönliche Beziehung, und die meisten merken es noch nicht einmal ...«[52]

Dieses Zitat stammt aus einem Buch des Pädagogen Carl-Heinz Mallet von 1981, und zwar aus einem Kapitel, das der Autor der Interpretation des Grimmschen Märchens »Hänsel und Gretel« gewidmet hat. Interessant ist daran, daß Mallet seine Gedanken über die Veränderung der Partnerschaft nach der Geburt eines Kindes ausgerechnet mit diesem Märchen verknüpft – mit einer Geschichte, in der ein Geschwisterpaar von den Eltern ins Verderben geschickt wird. Ganz offensichtlich stellt die »Geschichte von Brüderchen und Schwesterchen« – wie das Märchen in der ältesten erhaltenen Fassung heißt – ein hervorragendes Beispiel für den an drastischen Ereignissen gewiß nicht armen Kampf zwischen den Generationen dar.

Ein anderes bezeichnendes Beispiel für diesen Dauerkonflikt ist der von Sigmund Freud bis Thorwald Dethlefsen bis zum Überdruß hin und her interpretierte Ödipus-Mythos. Ungeachtet der verschiedenen Auslegungen dieser seltsamen und grausigen Geschichte ist eines sicher: Die Gewalt geht auch in diesem Fall von der älteren Generation, vom Vater, von König Laios aus. Denn dieser mächtige Mann glaubte fürchten zu müssen, daß sein Sohn ihm dereinst nach dem Leben trachten werde, und um dem zuvorzukommen, ließ er das Kind mit zusammengebundenen

Füßen in der Wildnis aussetzen. Eine solche Kindesaussetzung wird bei vielen archaischen Stammesgesellschaften praktiziert und war in der Antike weit verbreitet. Wenn König Laios ebenfalls zu diesem Mittel greift, so wählt er damit eine indirekte Form des Tötens, die ihm selber die »schmutzigen Hände« erspart. So beginnt der Prozeß kollektiven Verdrängens, des Nicht-wahrhaben-Wollens dessen, was man selber wünscht und tut, bereits im Altertum und setzt sich fort mit der modernen Illusion von Eltern ohne jegliche aggressiven Strebungen, die immer nur das Beste für ihre Kinder wollen.

Später dann, als Sohn und Vater einander schicksalhaft und ohne von ihrem Verwandtschaftsverhältnis zu wissen an einer Weggabelung begegnen, schikaniert der im Wagen einherfahrende König den Fußgänger Ödipus – woraufhin ihn dieser »im Zorne« erschlägt. Der französische Anthropologe George Devereux wollte deshalb – statt den vom eigenen Vater gleich doppelt angegriffenen Ödipus ins Zentrum zu stellen – lieber von einem »Laios-Komplex« sprechen, und der Psychoanalytiker Martin Bergmann aus New York wies darauf hin, daß »in der Formulierung des Ödipus-Komplexes die Aggression der Eltern und besonders des Vaters dem Kinde gegenüber nicht genügend Beachtung gefunden hat. Eltern sind viel häufiger als wir glauben grausam zu ihren Kindern und haben ihnen gegenüber bewußte oder unbewußte Mordimpulse. Oft ist sogar die von ihnen gezeigte Liebe, die wir als unecht oder übertrieben erleben, tatsächlich eine Reaktionsbildung auf derartige Todeswünsche.«[53]

Todeswünsche? Das wird vielen Leserinnen und Lesern denn doch zu weit gehen. Gewiß leiden wir oft unter unseren Kindern, sind angestrengt und überfordert – aber Todeswünsche? Ein spontanes »Bei mir doch nicht!« liegt uns allen auf der Zunge. Wir wollen an den weltgeschichtlichen Überlieferungen überprüfen, ob es sich wirklich so verhält, und von der Fiktion – die Geschichte des Ödipus ist ein Mythos, und die von Hänsel und Gretel ein Märchen – zu den historischen Fakten übergehen. Zuvor jedoch lohnt ein Blick ins »Buch der Bücher«, in jenen Text, der die Geschichte des christlichen Abendlands so stark geprägt hat wie kein zweiter:

Im Alten wie im Neuen Testament sind ähnlich erschrekkende Konstellationen wie der tödliche Konflikt zwischen dem Vater Laios und seinem Sohn Ödipus nicht selten. Da ist zum Beispiel Abraham, dem ein recht grausam anmutender Gott befiehlt, seinen Sohn Isaak zu töten, und der in einer Art biblischen Milgram-Experiments[54] dieser Weisung fügsam gehorcht, bis ihm der rettende Engel in den Arm fällt. Ist nicht Gott Jahwe selbst das Urbild eines willkürlichen Tyrannenvaters, dem jedenfalls in der Christenbibel ausgesprochen boshafte, quälerische, ja sadistische Züge innewohnen? »Denn ich, der Herr, dein Gott, bin ein eifersüchtiger Gott«, heißt es dort (2 Mose 20, 5). Und genau so verhält sich Jahwe auch: Nicht nur, daß er von Abraham das schon erwähnte Sohnesopfer fordert und eine persönliche Verfehlung Davids mit einer Pestepidemie beantwortet, die Tausende von Todesopfern zur Folge hat; er will auch das Vergehen des Unfolgsamen »siebenundsiebzigmal« bestrafen und die Unbotmäßigkeit verfolgen »bis ins dritte und vierte Glied der Kinder« – ein in der Tat *maßloser* göttlicher Vater, »der ich das Licht mache und schaffe die Finsternis, der ich Frieden gebe und schaffe Unheil. Ich bin der *Herr,* der dies alles tut« (Jes. 45,7). Solche Patriarchen sind es, die die Menschheitsgeschichte geprägt haben – in der Realität wie in ihrer mythologischen Spiegelung.

* * *

Von Jahwe bis zu Abraham und Isaak, von Laios und Ödipus, Hänsel und Gretel bis zu den von ihren eigenen Eltern ermordeten Kindern, von denen wir jeden Tag in der Zeitung lesen können – ist der Kampf Alt gegen Jung eine Art Dauerkrieg?

In der Tat spricht vieles dafür, und zwar keineswegs nur in bezug auf das »finstere Mittelalter« oder andere längst entschwundene Epochen. Die Gegenwart ist schlimm genug. Doch betrachten wir den Lauf der Weltgeschichte unter diesem Aspekt, fällt sofort auf, daß es lange Perioden gegeben hat, die, jedenfalls gemessen an den Normen der Gegenwart, durch ein weitgehendes Fehlen von elterlicher Fürsorge und Mutterliebe gekennzeichnet sind – das oben bereits zitierte Beispiel der Eheleute Mozart und ihres ersten Kindes deutet es an.

Die »Findelheime«, die am Ende des Mittelalters und in der frühen Neuzeit eingerichtet wurden, müssen – trotz der entsetzlichen Zustände, die in ihnen geherrscht haben – durchaus als der Versuch gewertet werden, durch staatliche Intervention einem Elend zu begegnen, das offenkundig weit verbreitet war.[55] Sie entstanden zuerst in den oberitalienischen Städten, so etwa das bekannte »Ospizio degli Innocenti« (Hospital der Unschuldigen) in Florenz, vor dessen Gründung aber schon andere derartige Institutionen existierten. Guy de Montpellier hatte schon 1160 den Hospitalorden vom Heiligen Geist begründet, der sich der Pflege von Findelkindern widmen sollte – entsetzt über den Anblick zahlloser im Tiber schwimmender Kinderleichen, rief Papst Innozenz III. den Ordensstifter nach Rom, wo er die Findlingshospitäler Santo Spirito und Santa Maria in Sassia errichtete. Auch in anderen Regionen Europas entstanden ähnliche Institutionen:

> »Eheliche wie uneheliche Kinder wurden auf der Türschwelle von Wohlfahrtsinstitutionen ausgesetzt – was bei den trostlosen Verhältnissen, die dort herrschten, einem Kindsmord gleichkam. Etwa 15 Prozent aller Kinder, die 1760 vor dem allgemeinen Krankenhaus in Paris ausgesetzt wurden, waren ehelich, und das hatte sich auch ein Jahrhundert später noch nicht geändert. Der Hauptgrund war natürlich die entsetzliche Armut – aber es war auch Gleichgültigkeit.«[56]

Im Findelheim von St. Petersburg zählte man noch 1830 25 000 Insassen bei fast 5000 Neuaufnahmen pro Jahr. Zwölf Ärzte und sechshundert Ammen versorgten diese von den Eltern ausgesetzten Kinder, von denen 30 bis

40 Prozent während der ersten sechs Wochen starben; nur ein Drittel der Findelkinder überlebte das sechste Lebensjahr.[57]

Das vorliegende historische und aktuelle Material belegt also höchst eindrucksvoll, ja erschreckend die Fülle von Grausamkeiten, die die Generation der Erwachsenen gegen ihre Nachkommen verübt, und dies seit Jahrtausenden. Allein die Fülle der Kriege, die ja meist von den »Alten« befohlen, aber von den »Jungen« durchgefochten werden: Was sind sie anderes als eine gigantische Schlachtbank, eine Opferstatt, auf der die Jugend der Völker von greisen Häuptlingen, Fürsten und Generälen dem Opfertod überantwortet wird? In Immanuel Kants Friedenstraktat von 1795 findet sich gleich doppelt die folgende Anekdote, die den – kinderlosen – Königsberger Philosophen stark beeindruckt zu haben scheint:

»So antwortete ein bulgarischer Fürst dem griechischen Kaiser, der den Zwist mit ihm nicht durch Vergießung des Bluts seiner Untertanen, sondern gutmütigerweise durch einen Zweikampf abmachen wollte: ›Ein Schmied, der Zangen hat, wird das glühende Eisen aus den Kohlen nicht mit den Händen herausnehmen‹ ...«[58]

Dieser zynische Satz trifft voll ins Schwarze. In der Tat ist die Jugend das Werkzeug, mit dessen Hilfe alte Männer nur zu gerne in das Feuer greifen, das sie möglicherweise selber entzündet haben. Es ist heute kaum anders als zu Lebzeiten Kants, wenn – beispielsweise – George Bush und Margaret Thatcher ihren einstigen Verbündeten Saddam Hussein aus dem okkupierten Kuwait vertreiben zu müssen glauben und wenn, auf der Gegenseite, ebendieser Saddam Hussein die »Mutter aller Schlachten« ankündigt. Das Sterben, das da verlangt wird, fordert stets die ältere Generation den Jungen ab.

Es ist hier nicht der Ort, ausführlich zu analysieren, *warum* es im Verlauf der Menschheitsgeschichte derart starke Schwankungen der elterlichen Zuwendung zu den Kindern gegeben hat – sicher ist jedoch, *daß* es sie gab und immer noch gibt; sicher ist, daß die Beziehung der älteren Generation zu den von ihr aufzuziehenden und sie später einmal ablösenden Nachkommen neben aller Fürsorge eben auch von Gleichgültigkeit, Grausamkeit und Gewalt geprägt sein kann; es handelt sich um alles andere als ein gemütvoll-harmonisches, konfliktfreies Verhältnis.

Sicherlich ist im genetisch verankerten Verhaltensrepertoire, das die Evolution den Menschen mit auf den Weg gegeben hat, auch ein ganzes Bündel von teilweise hochspezialisierten »Brutpflegeinstinkten« zu finden. Daß diese angeborenen Mechanismen schon seit grauer Vorzeit kulturell überformt und gemodelt sind, haben wir schon beschrieben. Deshalb ist es Männern und Frauen möglich, sich über den »Egoismus der Gene« hinwegzusetzen. So, wie etwa die zwanzigjährige Amerikanerin Jennie Bain Ducker, die am 6. Juni 1995 ihre beiden zwei und drei Jahre alten Söhne acht Stunden im überhitzten Auto festgeschnallt warten ließ, bis sie von einer Party zurückkam:

Die Kleinkinder waren unterdessen gestorben.[59] Kein »Mutterinstinkt« hatte diese grausame Sorglosigkeit verhindern können! Möglicherweise hat sogar ein unbewußter Todeswunsch gegen die Kinder das Verhalten ihrer Mutter beeinflußt.

Die Fähigkeit des Menschen zu allen möglichen Untaten gibt es, was die Beziehung zwischen den Generationen anbetrifft, durchaus in *beiden* Richtungen: Genauso wie es eine Gewalt »Alt gegen Jung« gibt, gibt es auch eine Gewalt der Jungen gegen die Alten – mit einer derzeit vermutlich stark zunehmenden Tendenz, die auch in den Medien ihren Widerhall findet, etwa in den schon erwähnten Berichten über angebliche »Horrorkinder«.

Die Aggression der Jungen gegen die Alten muß nicht in unmittelbarer körperlicher Aggressivität, Mord und Totschlag ihren Niederschlag finden (obwohl es auch solche Fälle gibt); sie kann sich auch in der massiven Entwertung der älteren Generation, ihrer Vorstellungen, Wünsche und Gefühle äußern. Als Papst Gregor XI. 1376 beschloß, aus dem Avignoner Exil wieder nach Rom zurückzukehren, »hatte sich sein greiser Vater, der Graf Guillaume de Beaufort, in der ungehemmten Emotionalität des Mittelalters vor seinem Sohn auf den Boden geworfen, um ihn anzuflehen zu bleiben. Gregor trat über seinen Vater hinweg und zitierte wenig liebevoll aus den Psalmen: ›Es steht geschrieben, daß ihr auf die Natter treten und den Basilisken niedertreten sollt‹ ...«[60] Und als der deutsche Kaiser Heinrich IV., der 1105 vom eigenen Sohn heimtückisch gefangengesetzt und entmachtet worden war, sich »dem

Sohne zu Füßen warf und ihn anflehte, er solle doch wenigstens das Naturrecht in sich berücksichtigen, wandte dieser sein Angesicht von ihm ab und verschloß ihm sein Herz …«[61]

Im Mittelalter, so wissen die Sozialhistoriker, wurden Konflikte und die mit ihnen verbundenen Gefühle noch sehr viel offener ausgelebt als heute. Der Machtkampf zwischen Alt und Jung schien dem Alltagsbewußtsein der Zeit recht gegenwärtig zu sein. Weniger dramatisch in der Szenerie, weniger pathetisch in der Form, vor allem auch weit weniger unverhohlen, aber dennoch ähnlich sind offenkundig die Erlebnisse nicht weniger »moderner« Eltern.

Eine vom ZDF am 23. August 1995 ausgestrahlte Reportage war diesem Thema gewidmet:

»Manchmal wünsche ich mir, daß endlich einer seiner Selbstmordversuche gelingt, sagt eine Mutter unter Tränen. Sie spricht von ihrem 14jährigen Sohn Lars. Dieser hat ihr das Leben zur Hölle gemacht. Mißachtung, Beschimpfungen und auch Schläge waren für die alleinerziehende Mutter an der Tagesordnung. Marion Dietrich steht nicht alleine da. Elternmißhandlungen nehmen zu. Täter sind in der Regel Söhne. Sie mißhandeln ihre Eltern durch Pöbeleien, Beleidigungen und ›aggressives Verhalten‹. Mit dem Finger haben sie im Dorf auf mich gezeigt, weil ich mein Kind nicht erziehen konnte, so Ilka Hofelich aus einem kleinen Ort im Schwäbischen. Nicht selten wird dann als letzter Versuch zu ungewöhnlichen Therapien gegriffen ...«[62]

Die Äußerung von Frau Hofelich ist bezeichnend. Gerade die Versagensangst sorgt für ein verkrampftes Verhältnis zu den eigenen Kindern und bereitet nicht selten dem wirklichen Versagen den Boden. Würde – bei aller (unbestreitbaren) Verantwortung, die auf den Eltern lastet – die zwiespältige und konfliktträchtige Natur des Verhältnisses zwischen den Generationen allgemein anerkannt, so könnte das den Eltern helfen, Ambivalenzen und negative Gefühle akzeptieren zu können. Wobei unter »negativen Gefühlen« hier – und im weiteren Text – solche Affekte oder Emotionen verstanden werden, die nicht etwa der Verstärkung von Bindung und Gemeinschaft dienen (wie es die »kohäsiven Emotionen« tun, insbesondere die Liebe), sondern diese eher belasten (die Psychologen sprechen von »agonalen« oder »aversiven« Emotionen, beispielsweise Neid, Haß etc.).

All dies bedeutet ja keineswegs, daß solche Gefühle ungehemmt ausgelebt werden sollen und dürfen. Sondern »nur«, daß mit größerer Offenheit über sie gesprochen werden sollte. Von der Regenbogenpresse exzessiv zelebrierte Fälle wie der eines ehemaligen BMW-Chefdesigners, der in einem plötzlichen Wutanfall seinen drogensüchtigen Sohn erschoß, nachdem dieser eine geraume Zeit die gesamte Familie terrorisiert hatte, geben eine Ahnung von den archetypischen Konflikten, die sich bis zum Äußersten zuspitzen können.[63]

Eine solche Eskalation ist in vielen Fällen von der Verdrängung bestimmter, meist »negativer« Gefühlsqualitäten entscheidend mit beeinflußt. Denn darüber war sich schon der Altmeister Sigmund Freud völlig im klaren: »Das Verdrängte kehrt unerledigt wieder.«

* * *

Kommen wir aber noch einmal auf die mächtigere Partei im Dauerkonflikt zwischen Alt und Jung zurück: die ältere Generation.[64] Für die Aggressivität der Alten gegen die Jungen, aus welchen tieferen Quellen sie sich auch speisen mag, wird – wenn überhaupt eine Begründung erfolgt – häufig die Furcht vor künftigen Reaktionen der Heranwachsenden als Ursache bezeichnet: Sie könnten uns das Essen streitig machen, den Thron und das Leben rauben, kurz, uns eines Tages beiseite schieben (der Psychoanalytiker Theodor Reik hat von »Vergeltungsfurcht« gesprochen).[65] Die Worte eines heute vergessenen Autors namens C. F. Krüger aus dem Jahre 1752 zeigen, daß diese »Vergeltungsfurcht« ein wesentliches Element der sogenannten »schwarzen Pädagogik« ist: »Euer Sohn will euch die Herrschaft rauben, und ihr seid befugt, Gewalt mit Gewalt zu vertreiben, um euer Ansehen zu befestigen, ohne welches bei ihm keine Erziehung stattfindet. Dieses Schlagen muß kein bloßes Spielwerk sein, sondern ihn überzeugen, daß ihr sein Herr seid. Daher müßt ihr ja nicht eher aufhören, bis er das tut, dessen er sich vorher aus Bosheit weigerte ...«[66]

Solche drastischen Äußerungen finden wir heute nur noch selten – aber heißt das, daß auch die zugrundeliegenden Gefühle verschwunden sind? Die Angst vor den Kindern, die unaufhaltsam irgendwann die Macht übernehmen, weil ihnen »die Stunde gehört«, der Groll, selber nicht mehr »dran« zu sein, und der Neid auf die Nachkommen: Dieses Gefühlsgemisch ist gewiß auch heute noch im Verhältnis der Alten zu den Jungen wirksam. Vergeltungsfurcht und daraus gespeiste Gewalt- und Strafbereitschaft, ob offen zur Schau gestellt oder schamhaft verhüllt, zeigen deutlich, wie wenig dieses Verhältnis von einem »prästabilierten Behagen« geprägt ist. Es ist offensichtlich, so schreibt ein Kulturanthropologe, daß »zwischen benachbarten Generationen (den Generationen von Eltern und Kindern, die unmittelbar aufeinander folgen) eine gewisse Spannung, ja sogar Feindseligkeit besteht. Dies ist wahrscheinlich auf den Umstand zurückzuführen, daß die Mitglieder der älteren benachbarten Generation direkte Autorität über die jüngere ausüben und daß dies bei den Mitgliedern der letzteren Groll hervorrufen kann. Es kann auch auf den Umstand zurückgeführt werden, daß die ältere Generation in den Mitgliedern der jüngeren unberechtigte Eindringlinge sieht, die sie verdrängen möchten, während die jüngere Generation die ältere, die sie ablösen möchte, als ein Hindernis in ihren Bestrebungen betrachtet.«[67]

Auch aus der Gegenwart gibt es genügend grauenhafte Nachrichten von diesem immer noch heißumkämpften Kriegsschauplatz. Die folgenden vier Meldungen stammen von *einem einzigen Tag* aus *einer einzigen Regionalzeitung*:

Kurz notiert
Die beiden Buben, deren Leichen am Mittwoch im oberpfälzischen Neumarkt gefunden wurden, sind offenbar von ihrer Mutter erwürgt worden. Erste Obduktionsergebnisse lassen auf Tod durch Erwürgen schließen.

Mutter verliert Kinder aus fahrendem Auto
Fürth (dpa) – Bei der Parkplatzsuche hat eine Autofahrerin in Fürth ihre beiden Kinder aus dem Auto verloren und sie anschließend noch verletzt. Als die 30jährige den Vorfall bemerkte, legte sie den Rückwärtsgang ein und fuhr dem Zweijährigen über den Fuß. Die noch offenstehende Autotür erwischte den fünfjährigen Bruder voll am Kopf. Die Mutter erlitt einen Schock. Alle drei wurden in der Klinik versorgt. Gegen die Mutter wird wegen fahrlässiger Körperverletzung ermittelt, berichtete die Polizei. Einer der beiden Jungen hatte bei dem fahrenden Wagen die hintere Tür geöffnet. Die Kindersicherung an den Türen war nicht eingeschaltet gewesen.

Wegen schlechter Noten Lehrerin erschossen
Lynnville (dpa) – Nach zwei Schuljahren mit schlechten Noten hat ein 17jähriger mit einem

Kleinkalibergewehr in Lynnville im US-Staat Tennessee eine Lehrerin und eine 16jährige Mitschülerin erschossen. »Er ist auf das Schulgelände gekommen, um auf Lehrer zu schießen«, sagte Michael Chapman von der Polizeibehörde, »das Mädchen ist ihm dabei in die Quere gekommen.« Der 17jährige Jamie Rouse war mit dem Gewehr zur Richland High School gegangen und hatte auf die 58jährige Lehrerin und deren Kollegen geschossen. Eine 49jährige Lehrerin wurde verletzt, schwebt aber nicht in Lebensgefahr.

Jede dritte Amerikanerin bereits einmal mißhandelt

Baltimore (ap) – Jede dritte Amerikanerin ist in ihrem Leben bereits einmal von einem männlichen Familienmitglied – zumeist dem Ehemann oder Lebenspartner – mißhandelt worden. Wie eine Studie der Johns-Hopkins-Universität für Medizin in Baltimore zeigt, war die Hälfte der Opfer bei dem Angriff jünger als 18 Jahre. Die Studie, bei der 1952 Frauen befragt wurden, stimmt mit Schätzungen von Experten über das Ausmaß der Gewalt gegen Frauen innerhalb der Familie überein. Die Frauen waren in Arztpraxen in der Gegend von Baltimore befragt worden. 639 gaben an, wenigstens schon einmal von einem männlichen Familienmitglied mißhandelt worden zu sein. Die Hälfte der Frauen hatte

Knochenbrüche, Verbrennungen, innere Verletzungen oder Kopfwunden davongetragen. Die mißhandelten Frauen gelten als besonders selbstmordgefährdet.

Drei von vier Gewalttaten geschehen in der Familie, besagt eine polizeiliche Studie, die zu der knappen, aber deutlichen Schlußfolgerung kommt: »Es gibt kaum einen Bereich gewalttätigen Verhaltens, der im selben Maß öffentlich geleugnet und ausgegrenzt wird wie der der familiären Gewalt.«[68]

Das gilt nicht nur für Gewaltverbrechen allgemein, sondern insbesondere für Gewalt gegen Kinder: Bei Tötungsdelikten an Kindern ermittelt die Polizei derzeit in rund 44 Prozent der Fälle gegen die Mutter, in 18 Prozent der Fälle gegen den Vater, in 4 Prozent gegen Geschwister und andere Verwandte – in 11 Prozent der Fälle stehen Bekannte, nur in 4 Prozent Fremde unter Tatverdacht (in 17 Prozent der Todesfälle bleibt der Täter unbekannt). Diese und andere Zahlen machen deutlich, »daß sich die Tötungsdelikte fast ausschließlich im familiären Nahraum ereignen. Ähnliches gilt für die Kindesmißhandlung, bei der in 75 Prozent aller Fälle der Tatverdacht auf eine(n) Verwandte(n) fällt.«[69] Dasselbe trifft auch auf den sexuellen Mißbrauch zu: »Gegenüber den Beziehungsstraftätern fallen die Täter, die dem Kind fremd sind und die ihm auf dem Spielplatz, im Park oder im Personenkraftwagen auflauern, mit 3 bis 4 Prozent Kriminalitätsanteil kaum ins Gewicht ...«[70]

Einerseits sind also das Heim und die Familie der wichtigste Tatort von Gewaltverbrechen, insbesondere von solchen gegen Kinder. Ob es sich um eine echte Zunahme von Gewalttaten handelt oder um ein Ergebnis höherer Sensibilität und schärferer Beobachtung, gilt der Fachwelt als nicht zweifelsfrei geklärt; für Praktiker ist die Antwort allerdings längst gegeben:

>Es liegt nicht etwa daran, daß mehr Mißhandlungen von uns erfaßt werden. Wir spüren voll die Auswirkungen davon, daß das soziale Netz schwächer wird, vermutet Arthur Mosandl vom Allgemeinen Sozialdienst München, die Verschlechterung der wirtschaftlichen Verhältnisse, größere Arbeitslosigkeit, höhere Scheidungsraten, die Enge in zu kleinen Wohnungen, in denen man sich nicht ausweichen kann, das alles schlägt auf die Schwächsten zurück, die Kinder.«[71]

Wäre die Angst, vor sich selbst und im Urteil anderer als Eltern zu versagen, nicht so groß, dann wäre es weniger ängstigend, Interessenkonflikte zwischen Eltern und Kindern wahrzunehmen oder offen anzusprechen; es wäre weniger »anstößig«, rundweg zuzugeben, daß Eltern eben nicht »nur für die Kinder« da sind und dies auch gar nicht sein wollen; es müßte nicht allenthalben peinlich vermieden werden, den eigenen Zorn und Ärger und die Unzufriedenheit mit dem Kind wie mit der elterlichen Situation beim Namen zu nennen. Es ist legitim, daß Eltern auch Interessen haben, die nicht mit ihrer Elternrolle deckungsgleich sind oder sogar in Widerspruch dazu stehen. Diese Konflikte gilt es anzuerkennen und den mit ihnen verbundenen Gefühlswirrwarr zuzulassen. Wenn das gelingt, wäre ein großer Schritt getan, um zu verhindern, daß derartige Gefühle irgendwann einmal so jäh wie blindlings »ausagiert« werden müssen, und zwar fast immer zu Lasten der Wehrlosen, der Kinder.

Einer der wichtigsten Faktoren, die mit im Spiel sind, wenn aus Elternangst und anderen »aversiven« Gefühlen manifeste Gewalt wird, ist die *Vorschädigung*. Denn Eltern, die ihre Kinder prügeln und mißhandeln, stammen überdurchschnittlich häufig aus Herkunftsfamilien, in denen sie selber geprügelt und mißhandelt worden sind. Oft suchen sie diese schrecklichen Erfahrungen mit einem besonders hohen Anspruch an das eigene Familienleben zu bewältigen: Gemütlichkeit, Ordnung und Harmonie stehen bei ihnen ganz oben in der Skala der sozialen Werte. Sie sind allerdings durch Konflikte und andere Störungen leicht zu beeinträchtigen und müssen, da ständig bedroht, mit rigiden Mitteln verteidigt, gegebenenfalls durchgesetzt werden. Der berühmte amerikanische Psychiater Friedrich Hacker machte schon vor Jahren auf diesen Zusammenhang aufmerksam:

»Die dereinst geprügelten Eltern waren durch das Ausbleiben der erwarteten Harmonie aus der Fassung gebracht und wurden durch ihr enttäuschtes Vertrauen in die gefühllosen Kinder verbittert ... Die vorgeblich am meisten geliebten und geplanten Kinder sind die bevorzugten Mißhandlungsopfer. Je größer die elterliche Erwartung, desto wahrscheinlicher ist der Rekurs auf aggressive Gewalt, sei es als Kontrollverlust oder als Strategie des wutlosen Wütens, in der zur kalten Pflicht geläuterten Reaktion auf enttäuschte Erwartungsvorstellungen. Die ultima ratio der Gewalt als letztes Mittel wird bald zum einzigen und ersten.«[72]

Und in der Auseinandersetzung mit einer Studie über Kindesmißhandlung in Los Angeles merkt Hacker an:

»Die moderne Großstadtfamilie ist in ein Krisenstadium getreten. Durch Überbeschäftigung und die kleine Anzahl der Familienmitglieder überfordert, entwickelt sie besondere Empfindlichkeit gegen jede Störung automatischer Reibungslosigkeit, gegen Einmischung in ihre Unabhängigkeit, gegen Lärm und Disziplinlosigkeit. In absurder Rollenumkehr erwarten die Eltern Anerkennungshandlungen von ihren Kindern sowie Respekt und Liebe, die erst durch reziproke Zuneigung erlernt werden müssen. Die Annahme eines angeborenen Pflichtbewußtseins beruht auf dem festen Glauben an eine vorbestimmte, prästabilierte Harmonie, die das Individualinteresse der

Familie konfliktlos und reibungslos von vornherein aufeinander abgestimmt hat.«[73]

Besonders wichtig ist in diesem Zusammenhang vermutlich die Befürchtung, daß das Kind eine überaus sehnsüch-
tig erhoffte harmonische Ordnung stören könnte – eine
Furcht, die sich zum Zorn, ja zur *wortwörtlich* mörderi-
schen Wut steigern kann, wenn solche Störungen tatsächlich eintreten und sich nicht »abstellen« lassen. Um zu klä-
ren, wie es zu einer solchen Beziehungsdynamik kommt,
ist es nötig, die Interessenlage und die Motive von Eltern
und Kindern getrennt zu betrachten.

4

Die Eltern: Bloß keine »schlimmen« Gefühle

Die Situation der Eltern hat sich in den letzten hundertfünfzig Jahren drastisch gewandelt. Kinder sind nicht mehr selbstverständlich »mit dabei« und müssen irgendwie »durchgebracht« werden – es gibt sehr effektive empfängnisverhütende Mittel, und unter der Gesamtzahl der Neugeborenen ist der Anteil der »Wunschkinder« immer größer geworden. Mit den Worten von Diane Ehrensaft:

»Ein Kind zu haben wird heute als ein außerordentliches Phänomen angesehen, das keineswegs selbstverständlich ist. Noch ehe heute ein Baby geboren und zum Objekt elterlicher Phantasien von ungeahnten Möglichkeiten und grenzenloser Freiheit geworden ist, wird es in den Rang einer königlichen Hoheit gehoben. Die Überzeugung der Eltern, daß die Empfängnis ein sensationelles Ereignis ist, verleiht dem Kind höhere Weihen. Und der Krönung des Kindes folgt die Vorstellung auf dem Fuß, daß das Neugeborene das Leben all derer tiefgreifend verändern wird, die nur darauf warten, dem gekrönten Haupt zu dienen. Wen mag es da noch wundern, wenn der rote Teppich ausgerollt wird, um das Neugeborene gebührend zu empfangen und es von nun an und für alle Zeit als einen kostbaren Schatz zu behandeln? ... Dieses Kind wird es später einmal schwer haben, wenn es erkennen muß, daß nicht immer im Leben seine Wünsche und Bedürfnisse sofort erfüllt werden und nicht jede Willensäußerung mit großem Beifall aufgenommen wird.«[74]

Was geschieht mit Eltern, die für ihren Nachkommen bereits »den roten Teppich ausgerollt« haben, wenn sich später andeutet, daß im praktischen Zusammenleben alles ganz anders kommt, als es in den Ratgebern und Nachschlagewerken stand, als erwartet werden konnte und erhofft werden durfte? Wie werden die jungen Eltern reagieren – werden sie in der Lage sein, ihren »Eigenanteil« an der mißlichen Entwicklung kritisch zu überdenken? Werden sie begreifen können, daß jeder, der Könige krönt, es solchen Majestäten leichtmacht, sich irgendwann zum Tyrannen aufzuschwingen?

Je ausgefeilter und ehrgeiziger die Vorstellungen der Eltern darüber sind, was ein Kind für sie bedeutet und was dieses Kind werden und in seinem Leben erreichen soll, desto größer ist die Gefahr, daß sich alles als Illusion erweist. Viele Eltern werden die Entwicklung ihrer Kinder gerade deshalb auch mit Angst beobachten, ob sie sich dessen nun bewußt sind oder nicht. Diese »Elternangst« darf als prototypisch für alle »negativen« Gefühle gelten, für die sich Eltern eigentlich nicht schämen müßten, die ihnen aber aus vielfältigen Gründen als »unpassend« und »anstößig« erscheinen – und die deshalb zu einem Tabu werden: Manchmal wird ihre Existenz schmerzlich bewußt, aber man spricht besser nicht über sie. Es scheint so, als handele es sich bei den konflikthaften Seiten des Sozialisationsprozesses, bei den vielen Narben und Wunden, die sich beide Seiten in diesem schmerzlich-schönen Miteinander wechselseitig zufügen, um böse Geister, die man gar nicht erst benennen darf, will man nicht das Gespenst einer düsteren, überlebten Vergangenheit heraufbeschwören, vor der wir mit Recht Abscheu empfinden. Ob wir sie dadurch bannen können, indem wir uns selber quasi »kraft Amtes« rundweg zu besseren Menschen erklären, bleibt allerdings zweifelhaft.

* * *

Der Begriff »Elternangst« wird auf viele Leserinnen und Leser seltsam, ja sogar abwegig wirken. Ihr Widerwille wird sich vermutlich noch weiter steigern, wenn von Angst *vor* dem Kind die Rede ist. Ist das nicht absurd? »Ich habe doch höchstens Angst *um* mein Kind«, werden sie entrüstet einwenden: Angst, daß es bei der Geburt Schaden leidet oder im Säuglingsalter erkrankt, daß es eventuell beeinträchtigt wird durch die »draußen« lauernden Gefahren wie Straßenverkehr, radioaktiv kontaminierte oder mit Pestiziden und anderen Schadstoffen belastete Lebensmittel, Elektrosmog, »Wohngifte« und dergleichen mehr. Es ist ja wahr, die Außenwelt ist insbesondere wegen der fortschreitenden Umweltzerstörung zur bedrohlichen Gefahrenquelle geworden – mitunter kann man sogar in Geburtsanzeigen lesen, daß Eltern geradezu stolz darauf sind,»trotz alledem« ein Kind in diese ängstigende Umwelt geboren zu haben.

Doch nicht nur ökologische Krisen und Katastrophen bedrohen die Kindheit,[75] auch unser Gesellschaftssystem, in dem das Kind notgedrungen aufwächst, gibt allen Anlaß zur Beunruhigung: Das Kind könnte in der Schule überfordert sein und Lernschwierigkeiten entwickeln, am Ende sogar versagen. Es könnte unter »schlechten Einfluß« geraten, im schlimmsten Fall drogenabhängig und kriminell werden – und so weiter, und so fort.

Ein solches Szenario beruht auf durchaus realistischen Einschätzungen der Lebensrealitäten und ihrer Risiken. Es gibt allerdings – und das ist der kritische Punkt – sehr verschiedene Möglichkeiten, mit diesen Gefahren umzugehen. Eine für nicht wenige Eltern offenbar naheliegende, aber fatale Konsequenz liegt in dem Drang, die eigene Schutz- und Obhutfunktion, die elterliche Verantwortlichkeit ins schier Unermeßliche zu steigern. Gefahren, so will es scheinen, lauern überall, und gerade Mütter und Väter mit politischem und ökologischem Engagement werden sich daher allenthalben gefordert fühlen. Während wir früher, noch kinderlos, uns selber ohne allzuviel Nachdenken Kleidung, Möbel, Nahrungsmittel kauften, weil sie uns gefielen, achten wir heute sowohl aus ökologischen Erwägungen – etwa aus Sorge um die Abholzung der Regenwälder auf der

Südhalbkugel, um die Veränderung des Weltklimas und so fort – wie auch aus Furcht vor möglichen Gefahren für unsere Kinder auf entsprechende *Unbedenklichkeit.* Wir lesen einschlägige Zeitschriften, unterstützen bestimmte Projekte (vom ökologisch arbeitenden Landwirt bis zur Windkraftanlage) und versuchen mit den verschiedensten Mitteln einer Fülle von realen oder von uns vermuteten Gefahren zu begegnen.

Trotz allen Engagements können wir uns manchmal des Eindrucks nicht erwehren, Teilnehmer eines Wettlaufs zu sein, der verdächtig jenem zwischen Hase und Igel ähnelt: Was immer wir tun, wieviel Mühe wir uns auch geben, die nächste Schreckensmeldung (etwa über die rapide wachsende Zahl von BSE-Fällen) folgt bestimmt und gibt uns das Gefühl, *noch mehr* Vorsorge treffen zu müssen. Wie war das mit der Gelatine in den Gummibärchen? Wie groß ist die Gefahr von EHEC-Infektionen durch Frischmilch, von Salmonellen im Frühstücksei, von Formaldehyd-Ausdünstungen aus den Kindermöbeln, von Kadmium in den bunten Farben der Plastikspielsachen …

Wenn Eltern sich im Übermaß mit derartigen Gefühlen und Gedankengängen plagen, neigen sie dazu, die Ursachen für eine mögliche Gefährdung ihrer Kinder vorrangig »draußen«, also außerhalb ihrer Familie, außerhalb ihrer eigenen Person zu orten. Zugleich wird damit die Sorge um die Zukunft des Kindes verinnerlicht bis zur Selbstquälerei.

An dieser Sorge ist zunächst nichts Falsches, aber sie kann Dimensionen annehmen und sich in einem Ausmaß verselbständigen, daß sie selbst zur Bedrohung wird – und sie lenkt die Eltern möglicherweise davon ab, ein realistisches Bild von den eigenen Fähigkeiten und Schwächen zu bekommen. Die Fähigkeit zur Zukunftsvorsorge ist ein Wesensmerkmal der menschlichen Natur – und immer mit der Möglichkeit belastet, sich zur schmerzlichen Grübelei zu steigern; die besondere Fürsorge für unsere Nachkommen dagegen fußt auf unserem Repertoire an »Brutpflegeinstinkten«, die in der Regel unser Verhalten als Eltern prägen und bestimmen. So führen sie im positiven Fall zu einem verantwortlichen Umgang sowohl mit unserem »Schützling« wie auch mit der Umwelt, in der sich sein zukünftiges Leben verwirklichen muß.

Aber wenn wir ehrlich und selbstkritisch genug sind, können wir nicht verhehlen, daß in die Fürsorge für das Kind immer auch ein Teil Sorge um die eigene Person und um das eigene Ansehen mit eingeflochten ist. »Wenn du so schlampig herumläufst, fällt das auf mich zurück« – wer von uns hat so einen Satz nicht von der eigenen Mutter gehört? Zwar haben sich die Zeiten geändert, und wir glauben, um vieles unbefangener und weniger verklemmt zu sein als die Generation unserer Eltern. Aber möglicherweise ist es mit der Veränderung nicht so weit her, wie wir das glauben möchten. Als mein Sohn Alexander, damals fünf Jahre alt, in einem Gasthaus die Frau am Nebentisch laut fragte: »Warum bist du eigentlich so dick?«, da fiel es mir nicht leicht, ruhig und gelassen zu bleiben und seine kindliche Ehrlichkeit zu loben. Läßt es uns wirklich völlig kalt, wenn ein enger Freund oder ein wichtiger Vorgesetzter bei uns zu Gast ist und unsere Kinder sich total danebenbenehmen? Fragen wir uns dann wirklich bloß: »Was mag er jetzt von unseren Kindern halten?« – oder nicht vielleicht doch: »Mein Gott, was mag er jetzt *von uns* denken?« – von uns *als Eltern* nämlich ...

Diese Beispiele geben einen Vorgeschmack von jenen Gefahren, die »innen« lauern können und die gerade von engagierten, fürsorglichen oder gar überfürsorglichen Eltern angesichts der Überfülle an Umweltgiften und -schadstoffen gerne übersehen werden. Man könnte sogar vermuten, daß die Gefahren »draußen« mitunter eine willkommene Ablenkung von den Konflikten und Problemen »drinnen« bieten. Die zu betrachten hieße, einen Blick in den Spiegel zu wagen. Dieser Spiegel würde uns keine Idylle zeigen, sondern Gefahren, die in der Beziehung der Erwachsenen zu ihren Kindern, also *in uns selbst,* in den Eltern verwurzelt sind. Sie liegen beispielsweise in unserer eigenen Unsicherheit und Kränkbarkeit begründet, in der Angst, zu versagen und als schlechte Eltern zu gelten. Und in der Angst, von den eigenen Kindern nicht geliebt zu werden, also keinen Gegenwert zu erhalten für all unser Engagement, für unsere ständige Opfer- und Einsatzbereitschaft. Es ist doch einfach nicht gerecht, wenn wir uns ständig mühen, auf vieles verzichten, alles richtig machen wollen – und unsere Kinder »danken« uns das mit Mißmut, Verachtung und Aufsässigkeit! Gerade von engagierten Eltern hört man am Ende nicht selten den Satz: »*So* haben wir uns das nicht vorgestellt!«

* * *

Dem »inneren Gefahrenpotential« kommen wir am besten auf die Spur, wenn wir danach fragen, welche Rolle das Kind im Seelenleben seiner Eltern spielt. Zwischen dieser verinnerlichten Bedeutung des Kindes zum Beispiel für seine Mutter und dem tatsächlichen Verhalten, dem realen Sein des Kindes, besteht kein notwendiger, kein eindeutiger Zusammenhang. Das »Bild des Kindes« einerseits und das »Kind, wie es wirklich ist« andererseits sind jeweils End- und Ausgangspunkt eines Spannungsbogens, dessen weite Öffnung viele Fehldeutungen und Mißverständnisse zuläßt. Das beginnt schon mit dem Geschlecht des Kindes – es ist für die Eltern oft ein harter Schlag, wenn die Wirklichkeit sich nicht nach ihren Erwartungen richtet (»Wir hatten uns ja so sehr einen Buben gewünscht«). Kinder haben nicht selten ein Leben lang darunter zu leiden, wenn sie erfahren müssen, daß sie so, wie sie wirklich sind, nicht zum »inneren Bild« der Eltern gepaßt haben, das vor der Geburt größtenteils reines Wunschbild gewesen ist.

Aber nicht immer sind die Dinge so einfach. Komplizierter liegt beispielsweise der Fall einer Frau, die lange Zeit unter quälenden Partnerkonflikten und häufig wechselnden Männerbeziehungen gelitten hat und die in ihrem Kind, ohne daß ihr dies bewußt wäre, gleichsam einen lebendigen Beweis dafür sieht, daß sie es jetzt doch noch geschafft hat, einen Mann dauerhaft an sich zu binden. Geht auch diese Beziehung dann irgendwann in die Brüche, aus welchen Gründen auch immer, können sich strafende Impulse, die eigentlich dem abwesenden Vater gelten, am Kind als dessen »Hinterlassenschaft« festmachen – eventuell sogar in einer ins Gegenteil verkehrten Form, nämlich in erstickender Überfürsorglichkeit (»Du bist ja jetzt mein ein und alles!«).

Die innere, symbolische Bedeutung, die einem Kind für das Seelenleben seiner Eltern zukommt, kann also zur Quelle einer realen Gefährdung dieses Kindes werden. Die praktische therapeutische Erfahrung zeigt, daß es das tatsächlich gibt. Weit weniger klar erkannt wird meistens der umgekehrte Fall: daß nämlich die Realität des kindlichen Verhaltens zu einer Gefährdung seiner symbolischen Funktion werden kann. Das wird zum Beispiel dann der Fall sein, wenn das Kind eine ihm zugedachte Rolle allzu offensichtlich verweigert, womit es sofort eine mögliche Quelle von Angstgefühlen bildet – beispielsweise, wenn das Kind eine fragile Beziehung nicht »kittet«, wie seine Mutter das vielleicht erwartet, sondern – etwa durch häufiges Schreien und dauerndes Kränkeln – die Partnerschaft erst recht gefährdet. Alle Erfahrung lehrt, daß wir unseren inneren Werten – Überzeugungen, Traditionen, Ideologien – sehr viel zäher und hartnäckiger verhaftet sind als äußeren Dingen.

Mehr oder minder ausgeprägt kann ein Kind auch als Teil der eigenen Person wahrgenommen werden, die auf diese Weise quasi über die unmittelbare Körperlichkeit hinaus »verlängert« wird – das Kind wird zum »Selbstobjekt«, wie es in der Sprache der Psychoanalytiker heißt. Es wird dann unbewußt als Mittel zur Erreichung eigennütziger Zwecke eingesetzt, zum Beispiel zur Selbstdarstellung. So kann es, ohne daß dies irgend etwas mit der Befriedigung der Bedürfnisse des Kindes zu tun hätte, als Beweismittel dienen bei der öffentlichen Demonstration der Fähigkeit, eine gute Mutter zu sein. Ob als Bindemittel für eine von Zentrifugalkräften bedrohte Beziehung oder als Werkzeug zur Aufbesserung eines mangelhaften Selbstwertgefühls, Kinder sind ihren Eltern auf vielfältige Weise zu Diensten und werden, bewußt oder unbewußt, von ihnen benutzt.

Eine Mutter, die die Entführung ihres anderthalb Jahre alten Sohnes vortäuschte, nachdem sie ihn mit einem kräftigen Fußtritt lebensgefährlich verletzt und trotz offensichtlicher Schmerzen des Kindes keinen Arzt zu Hilfe geholt hatte, so daß das hilflose Kleinkind schließlich an seinen inneren Verletzungen starb, soll – wie übrigens wohl viele Eltern, die ihre Kinder brutal mißhandeln – ihren Sohn immer ganz besonders hübsch herausgeputzt haben.[76] War dieses Kind ihr »Vorzeigeobjekt«? Es ist durchaus vorstellbar, daß die Angst davor, daß eine dritte Person (etwa der Notarzt) und damit »die Öffentlichkeit« hätte sehen können, daß sie eben doch keine *so* gute Mutter war, wie sie es sich und anderen geraume Zeit vorgespielt hatte, am Ende stärker war als der Impuls, ihrem schwerverletzten Kind medizinische Hilfe zukommen zu lassen. Die geschickt vorgetäuschte »Entführung«, bei der sie dann als *Opfer,* nicht als Täterin in Erscheinung trat, hatte diese Inszenierung durch die öffentliche Demonstration der Rolle einer guten, verständlicherweise sehr besorgten Mutter noch vervollständigt.

An diesem extremen Beispiel wird leicht deutlich, wie

die Sorge *um* das Kind sich berühren und vermischen kann mit der Sorge um sich selbst, um die eigenen Ziele, die eigene Rolle, das eigene Image.

Eher alltäglich ist die Situation der jungen Mutter Karin. Sie bekommt Besuch von ihrer eigenen Mutter, ein Ereignis, dem sie mit recht gemischten Gefühlen entgegensieht. Nichts wünscht sich Karin jetzt mehr, als daß sich ihr Töchterlein Friederike gut benimmt und daß die Oma die Kleine rundweg süß und lieb findet. Karin spürt ganz genau – sie »weiß« es nämlich aus den Tagen ihrer eigenen Kindheit, selbst wenn ihr dies gar nicht mehr bewußt sein mag –, wie sich Friederike benehmen muß, um der Oma zu gefallen, und mit welchem Verhalten sie ein Stirnrunzeln oder gar offene Mißbilligung hervorrufen kann. Den Satz »Zu meiner Zeit haben die Kinder ...« fürchtet Karin, die Mutter und Tochter zugleich ist, ganz besonders.

Woher diese Angst? Es stehen Normen im Raum, die Karin selber über viele Jahre hinweg und nicht immer freiwillig in sich hat aufnehmen müssen. Wichtiger noch: Hat sie dabei, damals, nicht immer wieder das Gefühl gehabt, diesen Ansprüchen der strengen Mutter nicht ganz genügen zu können? Ist ein Überrest des kindlichen Gefühls, zu versagen, nicht auch heute noch in der längst erwachsenen Frau lebendig? Und ebenso die fortwährende Angst vor neuerlichem Versagen, vor der Mißbilligung durch die Mutter – allein ein strafender Seitenblick könnte genügen, um sich verachtet, ja vernichtet zu fühlen?

Es ist sehr wahrscheinlich, daß es in einer solchen mit Erwartungen überladenen Situation kommt, wie es kommen muß: Friederike quengelt und weint, läßt »die Großen« nicht in Ruhe reden, wirft ein Glas mit Saft um, stibitzt die Kekse, die Karin eigentlich der Großmutter zugedacht hatte (»Die Zimtsterne hast du doch immer gemocht ...«), benutzt »häßliche« Worte, die sie – wie Karin rasch versichert – nur im Kindergarten gelernt haben kann. Der Nachmittag läuft aus dem Ruder und enttäuscht alle Erwartungen, ganz so, wie Karin es nur zu gut kennt, die die eigene Mutter ja immer nur enttäuscht hat. Am Ende gibt es Anlaß für kritische Worte von Karins Mutter, und Karin fühlt sich wieder einmal als völlige Versagerin.

Was seit langem zwischen Karin und ihrer Mutter steht, spiegelt sich aktuell in der Beziehung zwischen Karin und ihrer Tochter wider: Das Kind (Friederike) enttäuscht die Mutter (Karin) in ihren Erwartungen. Ist Karin nicht in der Lage, das Geschehen zu reflektieren und sich Rechenschaft darüber abzulegen, daß ein Großteil der Ursachen für die allgemeine Mißstimmung bei ihr beziehungsweise in ihrer problematischen Mutterbeziehung liegt, so könnte das Erlebnis der ganz alltäglichen Katastrophen dieses Nachmittags am Ende dazu führen, daß Karin ihr Kind für seinen »Ungehorsam« bestraft. Zudem taucht sofort die quälende Frage auf: Wie wird es beim nächsten Mal? Wird Friederike mich wieder so blamieren?

Ist es für Karin *sehr* wichtig, »gut dazustehen« und Mutters Erwartungen zu genügen (also jene Rolle als »liebes Kind« zu spielen, die auszufüllen ihre eigene Tochter Friederike sich offensichtlich weigert), so kann Angst vor der nächsten Begegnung mit der Mutter die Folge sein – Angst, durch das Kind wieder in eine »dumme Lage« gebracht, »bloßgestellt« und damit beschämt zu werden. So kann sich das zunächst eindeutig erscheinende Gefälle zwischen Erwachsenem und Kind unmerklich in sein Gegenteil verkehren: Wenn Karin die Situation so erlebt, als ob Friederike es durch ihr Tun und Lassen in der Hand habe, ob Karin sich in Gegenwart der eigenen Mutter anerkannt oder beschämt fühlen muß. Durch diese unbewußte Zuschreibung von Macht an das nun gar nicht mehr »hilflose« Kind wächst zugleich auch die Angst vor ihm und seinem Verhalten.

Die Kehrseite der Medaille ist Karins Verdrängungsleistung, nämlich nicht sehen zu wollen, daß sie ganz allein es in der Hand hat, durch Klärung ihrer Beziehung zur eigenen Mutter die Situation zu bereinigen. Natürlich ist das leichter gesagt als getan. Es verschafft Entlastung, dem Kind den »Schwarzen Peter« zuzuschieben, wenn Karin sich selbst gedemütigt fühlt, doch für dieses kurzfristige seelische Krisenmanagement, mit dem sie ihre Mutterbindung rettet, muß Karin bezahlen. Und nicht zuletzt mit wachsender Angst vor dem eigenen Kind.

* * *

Elternangst ist ein verschwiegenes Gefühl – meist muß man sich ihr indirekt nähern. Ihre destruktiven Potenzen liegen vor allem darin, daß dieses Gefühl der Kommunikation, ja sogar der Selbstwahrnehmung meist weitgehend entzogen bleibt. Eine ihrer zerstörerischen Potenzen ist die Neigung zur Gewalt, die – wie der Fall des anderthalbjährigen Buben zeigt – sogar bis zum Tod des Kindes führen kann.

Wie kann Angst zur Gewalt führen? Erstens dadurch, daß sie gar nicht erst wahrgenommen wird – und daß dies in der Mehrzahl der Fälle so ist, muß hier nicht nochmals erörtert werden. Ein zweites Moment tritt hinzu: Die »natürliche«, das heißt die von der Evolution ins tierische und menschliche Leben »eingebaute« Reaktion auf Angst ist Flucht. Wird die Flucht blockiert, kann die Angst sich zur Panik steigern.

Elternangst kennt keine Fluchtwege. Schon die vage Ahnung, vielleicht besser kinderlos geblieben zu sein, schon der undeutliche Wunsch nach Rückkehr zur »Junggesellenzeit«, schon der diffuse Impuls, vor der Überforderung wegzulaufen und »alles«, also auch die eigenen Kinder, »im Stich« zu lassen, sind hochbrisant. Solche Selbstwahrnehmungen lösen bereits in winzigen Dosen schwere Selbstzweifel, Skrupel und Gewissensbisse aus und steigern damit die Angst weiter. Zur Angst *vor dem Kind* kommt die Angst *vor sich selbst* und vor den eigenen Neigungen hinzu. Die Elternangst wird also zur »selbstblokkierenden« Eigenschaft – sie führt in die Sackgasse, in die Falle der Ausweglosigkeit. Und das kann in Panik münden: Es entsteht der verzweifelte Wunsch, durch (im wahrsten Sinn des Wortes) »Befreiungsschläge« doch noch irgend etwas ändern zu können.

Überdies ist das Gefühl elterlicher Angst, wenn es denn

einmal andeutungsweise, meist nur halb bewußt, gespürt wird, sofort eine starke Quelle von Schamempfinden.

Die tiefenpsychologische Erfahrung lehrt, daß Gefühle, insbesondere solche unangenehmer Art, häufig ineinander umgewandelt werden, um eine für das Individuum akzeptable Gestalt anzunehmen. Das gilt auch für angenehme, aber sozial nicht überall akzeptierte Gefühle – so mancher Staatsanwalt mag sich wirklich einbilden, pornographische Abbildungen nur deshalb so gründlich zu betrachten, weil er dies ja von Berufs wegen »muß«, natürlich, um sie verbieten lassen zu können – und so weiter. Nun ist Scham ohne jeden Zweifel ein außerordentlich unangenehmes Gefühl.[77] Es erzeugt in uns tiefe Ohnmacht, ja Verzweiflung – wir möchten im Erdboden versinken und uns vor der ganzen Welt verstecken. Es ist, als sei uns der Boden der Existenz samt allem Selbstwertgefühl jäh unter den Füßen weggezogen worden.

Schamgefühl in der Eltern-Kind-Beziehung entsteht vermutlich nicht nur durch die Angst vor dem Kind, sondern auch infolge anderer als negativ geltender Gefühle wie zum Beispiel bei Wut und Ärger über das Kind oder bei der diffusen Trauer, die mit der Frage verknüpft sein mag, ob man nicht doch lieber kinderlos geblieben wäre:

»Warum setzt man überhaupt Kinder in die Welt? Andere fahren dreimal im Jahr in Urlaub, schlafen am Wochenende, so lange sie wollen, und geben ihr Geld für sich aus, anstatt für Kinderklamotten, Spaghettieis und Plastikhubschrauber. Wozu das Ganze, all die vollgeschissenen Windeln, die Plackerei, die Sorge? Solche Bekenntnisse hört man selten. Wir haben es von einer Mutter, die einige Gläser Wein zuviel getrunken hatte.«[78]

Auch diese Mutter dürfte sich anderntags heftig geschämt haben ob ihrer »unbedachten« Äußerungen ...

Scham tritt in der Regel dann auf, wenn sich ein Mensch in seinem So-Sein, in seiner besonderen Existenzweise zurückgewiesen und abgelehnt fühlt, etwa infolge bestimmter körperlicher Eigenschaften. Sie entsteht aber auch als Ergebnis der Verinnerlichung sozialer Wertmaßstäbe, wenn ich an mir selbst Eigenschaften bemerke, die zu ändern nicht unmittelbar in meiner Macht steht, die mir aber unakzeptabel scheinen. Anders als bei einer »bösen« Tat, die ich auch hätte unterlassen können, fehlt bei der Scham in der Regel der Ambivalenzkonflikt. Das Gefühl einer Mutter, zu kurz zu kommen und zugleich überfordert und dem Kind eine »schlechte Mutter« zu sein, läßt sich ja nicht einfach mit einer heroischen Kraftanstrengung abschütteln. Woher dieses Empfinden auch immer stammen mag, es kann zur Quelle der Scham werden:

»Scham ist ein inneres Gefühl der völligen Herabwürdigung und Unzulänglichkeit als Person ... Während Schuld ein schmerzliches Gefühl der Reue und der Verantwortung für das eigene Handeln darstellt, ist die Scham eine qualvolle Empfindung, die die eigene Person betrifft. Die Möglichkeit, etwas wiedergutzumachen, scheint dem schamerfüllten Menschen verschlossen, weil Scham eine Frage der Identität ist und keine Verletzung von Verhaltensregeln.«[79]

Wenn wir uns schämen, empfinden wir uns also nicht bloß als minderwertig und zurückgewiesen, wir erleben zugleich die bitterste Hilflosigkeit, die Ohnmacht, an diesem Zustand aus eigener Kraft nichts ändern zu können. Und sofort taucht der Wunsch nach einer »Wendung vom Passiven ins Aktive«[80] auf, das verzweifelte, oft geradezu panische Streben, doch noch etwas zu verändern, das »Gesetz des Handelns« wieder in die eigenen Hände nehmen zu können. Das ist ein überaus häufiger Mechanismus zur Bewältigung bedrohlicher Situationen, denn wir Menschen ziehen es vor, lieber irgend etwas – und sei es auch der größte Blödsinn – zu tun, als uns hilflos und ohnmächtig fühlen zu müssen. In solchen Krisenfällen ist oft kein Preis zu hoch: Es muß etwas geschehen, »koste es, was es wolle«! Auch Kinder werden lieber unruhig, auffällig und – aus der elterlichen Perspektive – »lästig«, nehmen also lieber negative Reaktionen, ja Sanktionen der Eltern in Kauf, als durch das Netz der Aufmerksamkeit zu fallen und gar nicht beachtet zu werden. So hat ja auch Kain seinen Bruder Abel erschlagen, als Gott diesen bevorzugt und, ohne dies in irgendeiner Weise zu begründen, Kain und sein Opfer brüsk zurückweist. Diese düstere Parabel vom ersten menschlichen Gewaltverbrechen deutet eindrucksvoll an, wie destruktiv die Macht der Zurückweisungserlebnisse, des Ohnmachtsgefühls und des Schamempfindens werden kann.[81] Sie wäre es nicht ohne die *Angst* vor einer solchen Zurückweisung.

Angsterleben und Schamkonflikte sind also vielfältig miteinander verknüpft, und Scham entsteht besonders häufig durch Zurückweisung und Verächtlichmachung seitens der Eltern. Franz Kafkas »Brief an den Vater« – vom Verfasser niemals abgeschickt – ist ein dramatisches Dokument solchen Schamempfindens.[82] Auch hier ist die Frage der *Vorschädigung* wieder besonders bedeutsam: Eltern, die in ihrer Kindheit selbst vielfach beschämt worden sind, neigen dazu, auch die eigenen Kinder zu beschämen.

So ist die Angst mit vielen anderen Gefühlen verknüpft – mit Neid und Scham, Zorn und Wut. Sie ist sozusagen eine Art Grundsubstanz, die dem Ensemble der Gefühle seine spezielle Färbung und Tönung verleiht. Vor allem führt gerade die Angst, mit welchen Stimmungen sie im einzelnen auch verbunden sein mag, zu jener beklemmenden Konfliktscheu, zu jenem Wunsch »Bloß kein Streit« (oder »Wer schreit, hat unrecht« und was es noch an ähnlichen »Lebensweisheiten« geben mag), der den Kindern genau das raubt, was sie zu ihrer Entwicklung so dringend brauchen: Stolpersteine, Ecken, Kanten und Reibungsflächen.

Bevor wir zu den Folgen der Elternangst kommen, sollen zunächst die *Formen und Ursachen* dieses Affekts und seine *geschlechtsspezifische Ausprägung* erörtert werden.

* * *

Ursachen und Formen von Elternangst

Je stärker das Selbstbewußtsein einer Mutter oder eines Vaters ist, desto weniger wird es die verschiedenen Formen der »Entlastung« benötigen, desto seltener wird es notwendig sein, daß Kinder durch ihre Existenz und ihr Verhalten das Ansehen der Eltern im Gleichgewicht halten oder gar aufpolieren müssen.

Doch es gibt auch noch andere, große Herausforderungen an die Eltern, die die vermeintlich harmonische und friedfertige Beziehung zu den Kindern in ihren Grundfesten erschüttern können. Da ist zum Beispiel die Triebhaftigkeit, die »Unvernunft«, die Unkontrollierbarkeit der kleinen und vor allem der ganz kleinen Kinder. Viele der Eltern heute waren selbst Einzelkinder und haben vielleicht niemals einen Kindergarten besucht. Ganz auf sich gestellt, ohne praktische Erfahrung mit kleinen Kindern, wie sie in den Großfamilien früherer Zeiten noch völlig selbstverständlich gewesen ist, und bestenfalls theoretisch belehrt durch Geburtsvorbereitungskurse und Erziehungsratgeber, wird die eigene Elternschaft begonnen. Dann bricht plötzlich ein Stück ungebärdige Natur in das geordnete, verplante, kontrollierte Dasein ein – ein Vier-Kilo-Paket höchst »unvernünftige Wildnis« landet mitten im abgezirkelten Garten der Zivilisation und ihrer Alltagsroutine. Mit den Worten des Schriftstellers Peter Schneider in seiner Novelle *Paarungen*:

»Unter Erwachsenen kannst du fast jede Forderung aufschieben, absagen, notfalls kannst du dich krank melden. Mit so einem Baby läßt sich nicht argumentieren. Es ist ein Erdbeben, ein wunderbarer, aber auch ein verheerender Hurrikan, vor dem nicht genügend gewarnt wird. Sogar gewisse Redewendungen sind für mich unbrauchbar geworden: ›Sanft wie ein Baby schlafen‹ – lächerlich, nur Kinderlose können so etwas sagen ...«[83]

Die ungezähmte Triebhaftigkeit des Kindes, das Ungestüm, mit dem es die sofortige Befriedigung seiner Bedürfnisse verlangt, ohne auf Raum und Zeit Rücksicht zu nehmen, ohne zu akzeptieren, daß das Milchfläschchen erst einmal abkühlen muß, bevor die Milch trinkbar ist, oder ohne – einige wenige Monate später – anerkennen zu wollen, daß es im Winter nicht ratsam ist, barfuß nach draußen zu gehen: Diese Heftigkeit steht in striktem Gegensatz zum Leben der Eltern, die dauernd dieses planen und jenes bedenken, die ständig erwägen, berücksichtigen, kontrollieren müssen.

»Ich kann ja auch nicht, wie ich will« – offen ausgesprochen wird ein solcher Vorwurf an die Adresse des fordernden Kindes wohl eher selten, gedacht und gefühlt aber ganz gewiß um so öfter. Neid packt die Eltern, möglicherweise Ärger, eventuell auch Wut oder Verdruß: Das Kind nimmt keine Rücksicht darauf, daß die Mutter übermüdet ist, daß der Vater an Kopfschmerzen, Grippe oder beidem leidet ...

Rationalisierende Erklärungsversuche wie »So sind Kinder nun einmal!« oder »Das hätte man sich ja schließlich vorher denken können!« liegen in dieser Situation zwar nahe, gegen die oft genug nur halb bewußten Gefühle der geplagten Eltern bewirken sie freilich etwa so viel wie das Verteilen von Speisekarten bei einer Hungersnot (um Sigmund Freuds berühmten Satz aufzugreifen). Das Kind lebt vor, was möglich ist: Es hört nicht auf die Zumutungen der Vernunft und kümmert sich nicht um die Vorhaltungen der Erwachsenen, die diese Vernunft verkörpern – es will alles, jetzt, hier und sofort, ohne Rücksicht auf irgendwelche Bedenken! Andernfalls wird eben losgeplärrt, das allerdings mit größter Ausdauer.

So waren wir alle einmal – allerdings wollen oder können wir uns nicht mehr so recht daran erinnern. Die Eltern, Lehrer, andere Autoritätspersonen bedrohten uns mit Sanktionen, wenn wir nicht auf sie hören wollten, und bestraften uns oft genug auch wirklich für unser »ungezogenes Verhalten«. Aus Angst nicht nur vor diesen Strafen, sondern mehr noch vor dem damit verbundenen Verlust an Liebe, Zuwendung und Anerkennung (»Wenn du so bist, bist du nicht mehr mein lieber Junge!«) haben wir uns an die »Vorgaben« und Zwänge des Lebens angepaßt, ohne jedoch eine klammheimliche Freude am »unvernünftigen«, »zügellosen« Verhalten je ganz aufzugeben (wie sie etwa bei feuchtfröhlichen Stammtischvergnügungen oder in der organisierten Sanges- und Sinnenfreude der Karnevalszeit durchbricht; jedoch: »Am Aschermittwoch ist alles vorbei«). Wenn nun unsere Kinder gegen die in uns, den Eltern, nur mühsam aufgerichteten, ständig bedrohten inneren Normen und Barrieren offen rebellieren, gerät die Festigkeit dieser Abgrenzungen ins Wanken, was bei uns Wut, Ärger, aber auch Angst auslösen kann. Das Kind ist gewissermaßen ein Spielverderber, der die Spielregeln der Zivilisation nicht anerkennen will und auch in unseren Herzen leise Zweifel am Sinn und Zweck so mancher dieser Regeln keimen läßt. Viele Eltern, die dies unbewußt als Herausforderung erleben, reagieren vielleicht um so mehr mit demonstrativer Standfestigkeit, um nur ja nicht selber ins Schwanken zu geraten.

Vielleicht aber geschieht in der Konfrontation mit dem Kind und seinen Eigenarten auch noch etwas anderes in unserem Inneren: Was ist, wenn der kindliche Drang, alle Wünsche sofort erfüllt zu bekommen, wenn das Ausmaß der kindlichen Gefühlsbekundungen – insbesondere von Wut, Zorn, Neid und Scham, aber auch, auf der »positiven Seite« der Gefühlsbilanz, von Freude und Ausgelassenheit – ungebremst ins schier Unermeßliche steigt? Welche Reaktionen lösen Kleinkinder aus, die sich in ihrer Wut bis in die Bewußtlosigkeit »wegschreien« und damit ganze Supermärkte auf sich und auf die peinlich berührten Eltern aufmerksam machen können? Was rufen jene Backfische im Schulalter hervor, gegen deren albernes Kichern und Lachen man nichts, aber auch gar nichts ausrichten kann?

Alle derartigen Bekundungen der kindlichen Unberechenbarkeit verunsichern, machen hilflos und entwerten die vielen klugen und superklugen Ratschläge, die wir in Büchern gelesen oder von Freunden und Bekannten gehört haben und die im Ernstfall ja doch nichts helfen.

Diese nagenden Fragen und Zweifel an dem, was uns

früher so einleuchtend und selbstverständlich schien – und zwar um so mehr, je weniger wir darüber nachgedacht haben –, nehmen wir nur in Ausnahmefällen wie ein plötzliches »Blitzlicht« bewußt wahr. Meist fühlen wir vor allem quälenden Mißmut und diffuse Unzufriedenheit; hin und wieder aber spüren wir, wenn wir ehrlich mit uns sind, doch eine leise Ahnung dessen, was in uns selbst schlummern könnte und uns nach langer »Erziehung« unzugänglich geworden ist, ohne allerdings deswegen verschwunden zu sein. Dieses verschüttete Reservoir an Intensität, Ungestüm, Ungeduld, Hingegebensein an die Gegenwart, Überschwang und Zerstörungslust tritt uns, den Eltern, nun leibhaftig gegenüber, verkörpert in unseren »wilden« Kindern – und viele Eltern werden vielleicht die Neigung spüren, daß diese »Wildheit« jetzt ebenso scharf »bekämpft« werden muß, wie sie sie einst in sich selber niedergekämpft haben. Ihre Kinder werden einem Erziehungsprozeß unterworfen, der sich trotz aller guten Absichten, selbstverständlich alles besser machen zu wollen, in seinen Zielen häufig gar nicht so sehr von denen der eigenen Eltern unterscheidet (»hat uns ja auch nicht geschadet«). Diese »Kettenreaktion« ist wohl nur möglich, weil die ungebärdige Natur des Kindes, insbesondere seine »unkultivierte« Triebhaftigkeit, in den Eltern negative Gefühle wie Zorn, Neid und ein gerüttelt Maß an Angst auslöst. Daß es sich so verhält, belegt nicht zuletzt jener Satz, der wieder und wieder aus Elternmund zu hören ist: »Wo kämen wir denn hin, wenn ...«

Eine andere Quelle möglicher Elternangst liegt in der

schwierigen Interpretierbarkeit so vieler Lebensäußerungen unserer Kinder. Jedes Baby krakeelt, das wissen wir alle, doch hören wir irgendwo ein Baby schreien, brüllen oder wimmern, geht es jedem nicht bereits völlig abgestumpften Menschen durch Mark und Bein; das Schreien hat Aufforderungscharakter – darin liegt ja auch sein Sinn. Aber, das müssen Eltern zu ihrem Leidwesen erfahren, eine Forderung ist, auch wenn man sie gerne erfüllen möchte, nicht immer sofort verständlich. »Was *genau* meint das Kind? Was kann der Säugling wollen – jetzt schon wieder wollen, wo er doch gerade eben erst gefüttert (gewickelt, getragen, geschaukelt) worden ist?« – »Ich habe Hunger!« »Ich habe Schmerzen!« »Meine Windeln stören mich!« »Mir ist langweilig, ich brauche Aufmerksamkeit!« »Ich habe Angst, ich brauche dich!« Oder ist etwas ganz anderes gemeint? Nicht immer läßt sich das zweifelsfrei herausfinden, oft genug brüllt das Kind, obwohl es »eigentlich« – so meinen jedenfalls die verzweifelten Eltern – doch keinerlei Grund dazu hat. Dies allein ist schon entnervend genug, es kommt aber noch ein weiteres Problem hinzu: Viele Eltern, die Mütter vielleicht mehr noch als die Väter, hören aus dem Schreien ihres Kindes nicht nur die konkrete Botschaft »Bitte dies und jenes (Milch, neue Windeln, Wärme, Zuwendung, Schaukeln oder was auch immer)!«, sondern zudem noch einen dringenden Appell oder gar Vorwurf: »Du gibst mir nicht genug zu trinken!« »Wieso läßt du mich Schmerzen leiden?« »Warum beschäftigst du dich nicht genug mit mir?« – und so weiter und so fort.

Eltern, die selbst in der Kindheit nicht genug Zuwendung und Verständnis bekommen haben, stellen möglicherweise den übermäßigen Anspruch an sich selbst, für die eigenen Kinder *alles* viel besser machen zu wollen. Hat aus der eigenen Kindheit ein ungestillter – und jetzt natürlich nicht mehr stillbarer – Hunger nach Fürsorge, Zuwendung, nach dem Glanz im Auge der Mutter überdauert, kann dieses Begehren sich jetzt an die eigene Mütterlichkeit richten, die schlicht »optimal« zu sein hat; daß dieses Bestreben nicht selten in bitterer Enttäuschung endet, ist kaum verwunderlich.

Auch Mütter, die Schuldgefühle mit sich herumschleppen, zum Beispiel, weil sie arbeiten gehen (müssen oder wollen), neigen dazu, die Äußerungen ihrer Kinder überwiegend als Vorwurf wahrzunehmen. Wenn aber die Unzufriedenheit des Säuglings als Hinweis auf die eigene Unfähigkeit erlebt wird, erzeugt diese Interpretation Angst – unfähig oder gar schuldig fühlt sich niemand gern, es ist bedrohlich und belastend. Also wird die von Schuldgefühlen geplagte Mutter versuchen, das als »vorwurfsvoll« empfundene Schreien möglichst schnell »abzustellen«, beispielsweise stereotyp durch »Stillen« (der Name kommt ja nicht von ungefähr) oder Fläschchen-Geben, auch wenn der wirkliche Grund des Schreiens noch gar nicht eindeutig erfaßt ist. Nahrungszufuhr bewirkt fast immer zumindest eine kurze Ruhepause für die Mutter.

Noch einmal: Nichts wäre abwegiger als die Behauptung, es ließe sich stets der wirkliche Grund für das Geschrei des Säuglings eindeutig feststellen. Oft werden Babys herumgetragen, abgelenkt, massiert, gestreichelt und was frau/man noch so alles versuchen mag, ohne je zu begreifen, was nun die wahre Ursache des Unbehagens gewesen ist. Die Eltern überlegen unter wachsendem Streß hin und her: Sind es Blähungen, sind es die Zähnchen und so fort – und gleichzeitig wird ihnen klar, daß dies alles wohl vor allem deshalb so »gängige« Erklärungen sind, weil es unangenehm und belastend ist, der Realität namens »Eigentlich-weiß-ich's-nicht-so-genau« ins Auge blicken zu müssen. Und was geschieht? Die Eltern geben ein paar Tropfen eines Mittels gegen Blähungen, reiben Essenzen gegen schmerzhaftes Zahnen in den Säuglingsmund, tropfen vielleicht noch aromatische Öle in die Duftlampe – und dahinter steckt meist doch nur das uralte Rezept »ut aliquid fiat«/»Damit wenigstens irgend etwas geschieht«.[84] Gestehen sich Eltern ein, daß sie zwar mehr oder minder begründete Vermutungen über die Motive ihres Kindes anstellen können, aber oft und immer wieder im dunkeln tappen, so entsteht ein nicht geringes Gefühl der »Ohn-Macht«, das es auszuhalten gilt und das immer schwerer zu ertragen ist, je länger und intensiver das Schreien anhält.

Und wieder sind wir bei jenem eigentümlichen Gefühlsgemisch angelangt, das das Kind so oft in uns erzeugt – das Erlebnis: »Ich bin hilflos, die ›Macht‹ liegt nicht bei mir, ja ich bin womöglich dem Kind ausgeliefert.«

Sich hilflos, ohnmächtig und schwach zu fühlen ist sehr unangenehm. Wir unternehmen in der Regel alles Mögliche und versuchen manchmal auch Unmögliches, um dieses Erlebnis zu vermeiden. Wir haben heftige Angst davor – und wenn wir es nicht vermeiden können, wächst die Angst weiter an, kann sich bis zur Panik steigern. Wir kennen diese Empfindungen sehr gut, denn wir alle waren am Beginn unseres Lebens unkontrollierbaren Mächten ausgeliefert, waren abhängig und hilflos. Wenn wir uns je genau erinnern könnten, wie wir uns als Neugeborene gefühlt haben, dann würde vermutlich dieser Eindruck vollkommener Abhängigkeit vorherrschend sein.

Daniel Stern, einer der bekanntesten Säuglingsforscher der Gegenwart, hat einmal versucht, durch alle ihm mögliche Einfühlung und Phantasie die Erlebniswelt eines Säuglings – er nennt ihn Joey – sprachlich darzustellen. Joeys Hunger wird von Stern folgendermaßen geschildert:

»Das Hungergefühl ist zunächst schwach, wird aber rasch stärker. Solange es zu Beginn noch diskret und vage ist, empfindet es Joey vermutlich nur als allgemeine Gereiztheit, die seine Ausgeglichenheit stört. Davon ist alles betroffen – Bewegungen, Atem, Aufmerksamkeit, Gefühle, Erregung, Wahrnehmungen und anderes mehr. Diese ›globale‹ Störung muß Joey wie ein plötzlicher Verlust der Harmonie erscheinen, als ob ›etwas schieflaufe‹. Der Gefühlston aller Dinge verändert sich mit einem Mal, so wie das ›Licht‹ vor einem Sturm ›metallisch‹ wird. In dieser Phase des zunehmenden Chaos und wachsenden Hungergefühls muß die Welt bindungslos und fetzen-

haft erscheinen. Wenn Joeys Aufmerksamkeit für
Augenblicke nach innen gezogen wird, kann er
die Außenwelt nur fragmentarisch wahrnehmen.
Was er normalerweise als ein kontinuierliches
Werden erlebt, ist lückenhaft, so als habe eine
Szene abrupt geendet und an einer anderen Stelle
oder zu einem anderen Zeitpunkt wieder einge-
setzt. Joeys Erleben weist Brüche auf: Er stram-
pelt mit Armen und Beinen und erschüttert so die
Atmosphäre um sich ...«[85]

In Sterns Buch wird beschrieben, wie daraufhin die Mutter
kommt – nach einem »Hungersturm« und entsprechendem
Schreien von fünf Minuten Dauer. Wenn jedoch innerhalb
eines gewissen Zeitraums die Mutter *nicht* kommt, wenn
sie dem Kind *nicht* – wie von diesem so dringlich erwartet
und gefordert – die Brust gibt und es »stillt«, dann mag bei
dem frustrierten Kind das Gefühl entstehen, dem Hunger
vollkommen ausgeliefert zu sein. Diese Ohnmacht kann
dann wiederum in eine tiefgreifende Existenz- und Ver-
nichtungsangst münden – schließlich »weiß« ein Säugling
ja noch nicht, daß auf sein hungriges Schreien normalerweise mehr oder minder schnell die Erlösung folgt.
   Die Ohnmachtsgefühle des Erwachsenen sind durch den
»Nachhall« solcher frühkindlichen Erlebnisse geprägt, die
in *keiner* Kindheit vollkommen fehlen, mag sie auch noch
so behütet gewesen sein. Jedesmal wenn wir uns durch ein
aktuelles Erlebnis als hilflos wahrnehmen, schwingt ein
Rest dieser frühkindlichen Erfahrung mit, und fast immer

werden wir dabei – einmal stärker, einmal schwächer – auch »ohnmächtige Wut« mitempfinden.

Es gibt verschiedene Wege, mit einer solchen vertrackten Lage umzugehen – gleichgültig ob das Ohnmachtserlebnis nun durch die Willkür unseres übermächtigen Chefs hervorgerufen worden ist oder durch ein neugeborenes Kind, dessen unbeeinflußbares Schreien uns an den Rand der Verzweiflung bringt (mitunter auch darüber hinaus). Zum Beispiel könnten wir versuchen, aus der Situation zu fliehen. Eine Mutter zum Beispiel, die das Brüllen ihres Babys nicht ertragen konnte, stellte sich in dieser Situation oft eine Weile unter die Dusche, dem schöpferisch variierten Motto »Aus den Ohren, aus dem Sinn!« folgend. Oder eine Erfahrung, die alle jungen Elternpaare machen: Als befreiend, ja geradezu als Rettung wird es immer wieder erlebt, wenn das Kind in einer die Nerven bis zum Äußersten strapazierenden Situation dem Partner anvertraut werden kann, bis man sich selber wieder etwas stabilisiert, gegebenenfalls auch kurze Zeit geschlafen hat.

Viele Eltern haben in ihrer Kindheit nur in sehr begrenztem Umfang und keinesfalls ausreichend die wegweisende Erfahrung machen können, daß ihre Neugier, ihre spielerische Aktivität, ihr Expansionsdrang von den eigenen Eltern als grundsätzlich gut, wichtig und wertvoll anerkannt und nach Kräften und Möglichkeiten unterstützt wurden; vielen Eltern wurde in der Kindheit allzu oft mit Liebesentzug gedroht, wenn sie aufbegehrt haben oder sich aggressiv gegen ihre Eltern äußerten. Viele Eltern können es schwer ertragen, wenn ihr Kind zu ihnen sagt: »Ich hasse dich!«/»Ich finde dich zum Kotzen!«/»Ich könnte dich auf den Mond schießen!« oder was dergleichen Freundlichkeiten mehr sind. Dabei gehört es zum normalen seelischen Werdegang eines Kindes, solche Haßgefühle und Vernichtungswünsche zu empfinden, und es ist *gut,* wenn das Kind diese Gefühle äußern darf, ohne deshalb erleben zu müssen, daß es nun selber abgelehnt wird. Doch meist bekommt es genau diese Ablehnung zu spüren, zum Beispiel erntet es die beleidigte Reaktion: »Wenn du so etwas sagst, bist du aber ein böses Kind, dann habe ich dich nicht mehr lieb!« Die Konsequenz: Das Kind lernt, daß es nur dann geliebt wird, wenn es sich »lieb« verhält, und es wird rasch lernen, sich zu verstellen.

In der Folge solcher Verletzungen und/oder von realen Trennungen in der eigenen Kindheit kann sich dann, wenn die Kinder selber zu Eltern geworden sind, eine fatalistische Einstellung oder gar eine (meist recht vordergründige) »Opferhaltung« eingespielt haben: »Man kann ja doch nichts machen« oder »Immer auf die kleinen Dikken«. Doch irgendwo, tief versteckt im Inneren, in der Rumpelkammer der Seele, wird auch hier der Keim des Unmuts, des Aufbegehrenwollens überdauern. Die schwelende, oft aber verheimlichte Wut wird häufig gegen das eigene Selbst gerichtet – andere Gegner, die diesen Zorn eher verdient hätten, sind meist schwer zu erreichen (»Das geschieht mir gerade recht, warum bin ich auch so blöd ...«). Viele Menschen entwickeln zudem Schuldgefühle wegen ihres versteckten Ärgers, den sie, wie sie glauben, eigentlich gar nicht empfinden dürften und der für sie Zeichen einer Niederlage ist. In der Regel fällt es ihnen überaus schwer, das Ausmaß ihrer aufgestauten Aggressionen realistisch einzuschätzen – ist es nun ein »kleiner, bissiger Köter« oder doch ein »hungriger Löwe«, der da irgendwo in einer Ecke meines Seelenkäfigs lauert?

Die verhaltene Wut, mit der diese fatalistisch-passive Haltung (»Hat ja doch keinen Zweck«) oft unterlegt ist, wird mitunter jäh wachgerufen, wenn durch ein nicht gemäß den eigenen Wünschen und Erwartungen steuerbares Verhalten des Kindes das schon erwähnte Gefühlsgemisch aus Ohnmacht und Hilflosigkeit in den Eltern entsteht. Schon lange fühlen sich die Eltern müde, überfordert und gereizt: Das Kind ist nicht ganz gesund, es schläft schlecht – und die Eltern auch. Wechselseitige Vorwürfe liegen in der Luft, werden am Ende auch offen ausgesprochen – wenn schließlich »das Maß voll« ist, wird dem Kind die »Gesamtrechnung« für die ganze aufgestaute Wut präsentiert. Was dann geschieht, kann je nach Persönlichkeit der Eltern vom »Klaps« über psychisch verletzende Äußerungen bis hin zu körperlichen Züchtigungen beziehungsweise Mißhandlungen führen.

Das Motiv für derartig aggressive Handlungen kann aber auch der verzweifelte Versuch der Eltern sein, dem eigenen Ohnmachtserleben zu entgehen, indem das passive Erleiden in aktive Handlungen umgekehrt wird. Allerdings muß eine »aktive Handlung« nicht zwangsläufig eine aggressive Tat im Sinne körperlicher Gewaltanwendung sein: Spott und Verachtung sind »gewaltfreie Waffen«, die mitunter tiefer verletzen können als ein Schlag oder Hieb.

In einer solchen Umkehr versucht sich übrigens schon das etwas ältere Kleinkind, wenn es ein Spielzeug, das es zuvor selber versteckt hat, mit viel Freude wieder zum Vorschein bringt. Ständig erleben Kleinkinder, daß etwas aus ihrem Gesichtsfeld verschwindet, ganz häufig natürlich auch die Mutter, ohne daß dies für das Kind zu verstehen, zu beeinflussen oder gar zu verändern wäre. Im Spiel wird dieses »Leiden« aktiv in Freude verwandelt: »Ich kann das Verlorene wieder hervorzaubern, es liegt in meiner Macht!«[86] Dieser »Trick« wird auch im späteren Erwachsenenleben immer wieder praktiziert. So ist es eine bekannte Tatsache, daß Kinder, Jugendliche und Erwachsene, die durch eigene Aggressivität auffallen, oft schon als Kleinkinder und auch im weiteren Verlauf ihres Lebens selbst im psychischen und/oder körperlichen Sinne schwer verletzt worden sind.[87]

Eltern, die aufgrund ihrer eigenen Biographie Ohnmachtsgefühle ganz besonders schlecht ertragen können, werden im alltäglichen Umgang mit ihren Kleinkindern sehr oft schneller als andere Eltern aktiv werden »müssen«. Soll heißen: Sie werden ein solches »Muß« als dringliche Notwendigkeit empfinden, auch wenn es von der äußeren Realität nicht eindeutig gefordert wird. Ungewollt werden sie ihre Kinder dadurch in ihren Entwicklungsmöglichkeiten behindern. Es ist nämlich durchaus sinnvoll, ein weinendes kleines Kind in einer je nach Alter abgestuften »Dosis« kurze, später auch etwas längere Zeit seinen Selbstregulationsfähigkeiten zu überlassen, damit es lernt, seinen Unmut eine begrenzte Zeitspanne auszuhalten und aus eigener Kraft für sich selbst altersentsprechende Problemlösungen zu finden. Empfinden die Eltern jedoch ein solches Vorgehen – das letztlich in die Kompetenz des Kindes vertraut – als Zumutung oder Quälerei, fühlen sie sich veranlaßt, möglichst rasch Abhilfe zu schaffen und irgend etwas »zu tun«, dann gehören sie vermutlich zur Gruppe der »Aktivisten«, die es so überaus dringend brauchen, von ihrem Kind gebraucht zu werden. Durch das Gefühl, wichtig, ja unersetzlich zu sein, kann die Scharte der früh erlebten Hilflosigkeit zwar nicht ausgewetzt, aber doch wenigstens übertüncht und damit erträglich gemacht werden. Dies freilich sehr zum Nachteil für die eigenen Nachkommen, denn letztlich wird so das ohnmächtige Empfinden – »Ich alleine bin unfähig, ich brauche stets die Hilfe anderer« – wie der Stab einer Läuferstaffel in der Generationenfolge weitergegeben.

Ich will an dieser Stelle die möglichen *Spielarten der Elternangst* noch einmal zusammenfassen (ohne Anspruch auf Vollständigkeit):

- *Angst vor der Triebhaftigkeit des Kindes (und der Eltern)*. Säuglinge und Kleinkinder können als personifizierte »Triebwesen« gelten: Realitäts- und Selbstkontrolle, Haushalten im Rahmen der eigenen Möglichkeiten, Anerkennen der Grenzen von Raum und Zeit – all das spielt in ihrem ungestümen Leben eine denkbar geringe Rolle. Dadurch spiegelt das Kind den Eltern die Dauerhaftigkeit und Massivität ihres eigenen Triebverzichts wider, der ihnen vom Zivilisationsprozeß mit seiner Forderung nach Selbstkontrolle und Selbstdisziplin, ganz speziell aber auch von der neuen Elternrolle abverlangt wird; so wird auch eine nur partiell bewußtseinsfähige Angst vor der eigenen, mühsam beherrschten Triebhaftigkeit geweckt.

- *Angst vor der Unkontrollierbarkeit des Kindes.* Das Kind erweist sich als nur in höchst begrenztem Maße unseren Ordnungsvorstellungen und Kontrollwünschen zugänglich (»Kinder haben keine Bremse«), was gerade im Zeitalter des technokratischen Machbarkeitswahns eine schwere Kränkung, ja Provokation darstellen und, neben anderen Gefühlsaufwallungen, auch Angst vor dem einerseits hilflosen, andererseits eigensinnigen kleinen Wesen hervorrufen kann.

- *Angst vor dem Versagen elterlicher Sozialisationsbemühungen.* Die Geburt eines Kindes ist immer auch der Eintritt eines Unbekannten in das Gemeinwesen, eines Menschen, über dessen Eigenarten wir nichts wissen, dessen Entwicklung wir nicht vorhersagen können. Zwar versucht jede Gesellschaft, durch eine Fülle von Prozeduren »Menschen nach ihrem Bilde« zu formen, doch das Ergebnis bleibt ungewiß, oft entspricht es nicht den Erwartungen. Wird unser Kind später delinquent oder asozial werden? Jedes Kind ist ein in die Zukunft hin offenes Wagnis – und überall, wo gewagt wird, ist auch Angst mit im Spiel.

Diese Erscheinungsformen möglicher Elternangst können bei Männern und Frauen gleichermaßen vorhanden sein. Es gibt aber auch geschlechtstypische Ausprägungen elterlicher Ängste, um die es im nächsten Abschnitt geht.

* * *

Geschlechtsspezifische Elternangst

Der Schritt einer Frau oder eines Paares von der Kinderlosigkeit zur Elternschaft ist alles andere als leicht. Die mit diesem Thema befaßten Wissenschaftler stritten darüber, ob man in diesem Zusammenhang von einer »Krise« sprechen könne oder nicht.[88] Welche Begrifflichkeit auch immer bevorzugt wird, unzweifelhaft erfordert der Entschluß zum Kind eine Umstellung, eine Neudefinition der eigenen Identität und eine Umstrukturierung der Lebensform – im Regelfall von der Zweiheit zur Dreiheit. Die Anforderungen, denen sich die werdenden Eltern gegenübersehen, können sicher auch zur Überforderung und damit zur »Krise« führen. Allerdings wohnt dem Begriff der Krise seinem ursprünglichen Wortsinn zufolge (»Krisis« bedeutet im Altgriechischen völlig wertneutral die »Wendung«) auch der positive Aspekt einer Chance zur Neubesinnung und Weiterentwicklung inne. Die Anforderung, eine neue Rolle zu übernehmen, beinhaltet die Trennung von den alten Rollen – mit allen durchaus schmerzhaften Aspekten dieses Abschieds. So wird anläßlich der bevorstehenden Elternschaft auch die Erinnerung an die eigene Kindheit wiederbelebt – ein möglicherweise sehr zwiespältiger Prozeß.

Neben diesen Abschied nicht nur von der Vergangenheit, sondern eventuell auch von den ungelebten Möglichkeiten des eigenen Lebens, zum Beispiel von einer beruflichen Karriere, tritt die Auseinandersetzung mit verschiedenen zukunftsgerichteten Rollenerwartungen, die partielle Identifikation mit den eigenen Eltern und Großeltern, möglicherweise auch die bewußte Abgrenzung von ihnen (»So wie die – niemals!«), und die Hinwendung zu anderen Vorbildern aus dem sozialen und durch die Medien vermittelten Umfeld. Auch diese Leistung ist zur Ausformung eines tragfähigen neuen Selbstverständnisses unabdingbar. Eine große Schwierigkeit für die jungen Eltern besteht heute darin, daß die noch zu Zeiten ihrer Väter und Mütter vorherrschenden Rollenklischees ihnen nicht mehr genügen, ohne daß neue Leitbilder von ähnlicher Allgemeingültigkeit an deren Stelle getreten wären. Das »zwingt werdende Eltern also, einen eigenen Standpunkt zu entwickeln, da sie bei der Entwicklung eines Selbstbildes nicht mehr selbstverständlich auf festgefügte, allgemeingültige Muster zurückgreifen können«.[89]

In diesem Prozeß der Identitätsfindung treten auch typische geschlechtsspezifische Unterschiede auf – zum Beispiel geschlechtsspezifische Ängste. So besteht das einzige Ergebnis, das in verschiedenen Untersuchungen immer wieder nachgewiesen werden konnte, laut Gudrun Gauda (deren Studie ich hier weitgehend folge) im Nachweis, daß jene »Krise« von den Müttern »stärker ausgeprägt erlebt wurde als von den Vätern. Oder anders gesagt, daß Mütter stärkeren Belastungen ausgesetzt waren als Väter. Dieses Ergebnis kann natürlich auch damit zusammenhängen, daß Frauen eher bereit sind, solche Belastungen zuzugeben.«[90] Hierzu mögen die großen körperlichen Veränderungen bei den werdenden Müttern beitragen, die offenbar eine große emotionale Hilfe sein können, den Übergang in die neue Identität ganzheitlich zu erleben.

»Durch die starke Betonung der biologischen Vorgänge bei der Frau und den minimalen Anteil des Mannes daran wird die Mutter früher in ihrer Beziehung mit Aufgaben belegt (z. B. Rücksicht auf das Ungeborene in vielerlei Hinsicht) als der Vater, der nur indirekten Einfluß hat, indem er die Mutter emotional unterstützt, und der erst sehr viel später direkte Bedeutung erlangt.«[91] So werden auch alle Erwartungen der Umwelt, die die Entwicklung des Kindes betreffen, viel stärker an die Mutter gerichtet als an den Vater. »Schläft es schon durch?« »Hat es schon seinen Rhythmus gefunden?« »Schreit das Kind immer so viel?« Angesichts solcher und ähnlicher Fragen wird sich die Mutter vermutlich weit stärker unter Erwartungsdruck und »in die Pflicht genommen« fühlen als der Vater.

Die Gesellschaft ist schnell mit Schuldzuweisungen an die Mutter bei der Hand, wenn die kindliche Entwicklung nicht in den üblichen Bahnen verläuft. Die Soziologin Elisabeth Beck-Gernsheim hat dem entgegengehalten, man solle doch der Fairneß halber untersuchen, ob der Tagesplan der überforderten Mütter, die sich dem Kind angeblich nur ungenügend zuwenden, »tatsächlich ihr eigener ist, oder ob er nicht eher bestimmt wird von äußeren Vorgaben, von den vielfältigen Regelungen der modernen, institutionell vernetzten Gesellschaft. Als da wären die Fahrzeiten der Busse, die Sprechzeiten beim Amt, die Öffnungszeiten der Läden und die Schulzeiten der älteren Kinder, nicht zuletzt die Arbeitszeiten des Mannes und auch die eigenen, so die Frau selber erwerbstätig ist ... Ein aufeinander abgestimmter Alltag als Familie ist unter diesen Bedingungen eine ›voraussetzungsvolle Leistung‹, die einen Familien-Koordinator verlangt. Es sind in der Regel die Frauen, die diese Leistung erbringen, unter erheblichem psychischen und physischen Aufwand. So wird in wachsendem Maß Planen, Organisieren, Delegieren gefordert, Familie wird zum Kleinunternehmen ...«[92] Doch die Gesellschaft als Ganzes ist weit von solcher Einsichtsfähigkeit entfernt. Geht etwas schief, muß das »Kleinunternehmen Familie« möglicherweise gar Konkurs anmelden, so wird die Verantwortung dafür meist der Frau zugeschoben. Aber je größer der Druck, desto größer auch die Angst, zu versagen. Eine »gute Mutter« zu sein heißt heutzutage eben auch, den Familienzeit- und -fahrplan voll im Griff zu haben. Professionelle Organisationen haben den Bedarf erkannt und bieten für solche Fälle ihre Hilfe an – zu entsprechenden Preisen, versteht sich: »In den USA bedienen sich überforderte Paare für eine effektive Zeiteinteilung schon länger der sogenannten Organisationsmanager, in Europa sind sie noch relativ unbekannt: Familienorganisatoren, die Streit um unaufgeräumte Zimmer, nicht abgewaschenes Geschirr, vergessene Einkäufe oder vernachlässigte

Kindererziehung mit therapeutischer Analyse und praktischen Tips zu schlichten suchen.«[93]

An der schwierigen Lage der Frauen kann eine solche
Beratung allerdings nur wenig ändern. Die objektive Belastung bleibt ja bestehen, selbst wenn sich die Mutter vom
Erwartungsdruck ihrer Umgebung, aber auch von der Last
eigener innerer Normen weitgehend freimacht und intuitiv
zum angemessenen Umgang mit ihrem Baby findet. Doch
selbst das wird nicht immer gelingen. Das hat seinen
Grund nicht zuletzt darin, daß die Frau höchstwahrschein-
lich ihrerseits von einer Frau, in der Regel von ihrer Mutter, erzogen worden ist. In diesem Prozeß hat sich bei ihr
ein Idealbild der »guten Mutter« herangebildet, das entweder am Vorbild der biographischen Mutter orientiert ist
oder – gegebenenfalls in dramatischer Schärfe – mit diesem kontrastiert.

Die junge Mutter versucht natürlich, diesem Ideal zu genügen; eine ihrer größten Ängste besteht darin, keine
»gute Mutter« zu sein. Auch Gudrun Gauda berichtet in ihrer Untersuchung, daß es Frauen »offenbar darum geht, ob
sie während der Schwangerschaft eine Beziehung auf-
bauen können, zusammengefaßt unter dem Stichwort
›Mutterliebe‹«.[94] Solche Mutterliebe ist jedoch zuallererst
ein emotionaler Vorgang, was die Situation schwierig
macht, da Gefühle nicht meßbar sind. Desto größer die Unsicherheit. Eine junge Mutter mag sich, wenn ihr Baby
schreit, fragen:»»Soll ich es gleich hochnehmen? Vielleicht
sollte ich ein wenig damit warten, es könnte ja auch wieder
einschlafen. Eigentlich wollte ich noch telefonieren. Darf

ich das jetzt oder bin ich dann eine ›Rabenmutter‹? Meine eigene Mutter sagt ja immer, ich verwöhne das Kind, wenn ich es immer gleich aus dem Bett nehme ...«

Anders steht es mit den Vätern: Natürlich möchten auch sie eine gute Beziehung zu ihrem Kind haben, messen sich vielleicht innerlich ebenfalls am eigenen Vater und erleben dabei ähnliche Unsicherheiten wie ihre Frauen. Doch bei ihnen dürfte der Akzent mehr auf der Verantwortungsübernahme für die Absicherung der Familie liegen und auf Fragen der Zukunftsplanung,[95] für die sich der Mann traditionell etwas mehr zuständig fühlt als die Frau. Hier scheinen auch die Forderungen der Gesellschaft anzusetzen. Hat der Mann für Wohnraum, Unterhalt und entsprechende Versicherungen gesorgt? Die Befürchtung, darin zu versagen, mag alle anderen Sorgen überwiegen, doch an die »neuen Väter« werden zunehmend auch noch andere Erwartungen gestellt.[96] Hat sich die Vaterrolle in den letzten Jahren vielleicht noch stärker verändert als die Rolle der Mütter und ist weitere Verunsicherung die Folge? Von werdenden Vätern wird ja zunehmend gefordert, daß sie aktiv an der Schwangerschaft teilhaben, Interesse zeigen an den körperlichen Veränderungen der Partnerin, sich auf ihre eventuellen Stimmungsschwankungen einstellen, Geburtsvorbereitungskurse besuchen und schließlich bei der Geburt – soweit möglich – unterstützend tätig sind. Wieviel Raum bleibt da für die Sorgen und Nöte des Mannes, dessen Bedürfnissen in dieser Umbruchphase bei weitem nicht so viel Aufmerksamkeit geschenkt wird?

So verwundert es nicht, daß Männer, deren Frauen (beziehungsweise Lebensgefährtinnen – von uns der Einfachheit halber gleichgesetzt) schwanger sind, überzufällig häufig den Arzt aufsuchen und über eine Fülle von Krankheitssymptomen klagen: Verdauungsstörungen, Übelkeit und Erbrechen, verminderter oder gesteigerter Appetit, Kopf- und Zahnschmerzen, Juckreiz, Zittern, aber auch Panikattacken, Konzentrations- und Schlafstörungen oder Depressionen.[97]

Meist steckt hinter diesen Symptomen keine direkt greifbare Ursache, sondern eher eine Vielfalt von meist nicht bewußt wahrgenommenen oder ausgesprochenen Befürchtungen in bezug auf die aktuelle und zukünftige Lebenssituation. Ärztinnen und Ärzte, die den psychosomatischen (Leib und Seele umfassenden) Zusammenhang erkennen, bezeichnen dies dann als *Couvade-Syndrom*.[98] Welche Konflikte stehen dahinter? Die Ärzte Claus Mayer und Hans-Peter Kapfhammer haben die möglichen Ursachen aus einer Fülle von verschiedenen wissenschaftlichen Arbeiten zusammengetragen:

»Angst vor einer ungewissen finanziellen Zukunft, vor sich ändernden Beziehungen zur Partnerin, zu den eigenen Eltern – speziell zu den Vätern – und zu Freunden, Beunruhigung über ein nachlassendes sexuelles Interesse bei sich oder bei der Partnerin, Besorgnis über den Gesundheitszustand der Frau oder des Feten, Befürchtungen kein ›guter Vater‹ sein zu können bzw.

mögliche feindselige Impulse gegenüber dem Kind nicht integrieren zu können.«[99]

Typisch für die männliche Auseinandersetzung mit dem Kind und die darin mitschwingenden Ängste ist zum Beispiel die Furcht, die Beziehung könne sich zum Nachteil verändern, der Mann könne Verluste erleiden, betrogen, hintergangen, an die Wand gespielt werden. Neid gesellt sich zu dieser Angst: Neid auf die Innigkeit zwischen Mutter und Kind paart sich mit der Angst vor Konkurrenz und Übervorteilung. Entsteht dem Mann mit dem Kind nicht ein »Rivale«, der Liebe, Zärtlichkeit und Interesse der Frau absorbiert? Was bleibt da noch für ihn? Grund genug, das Kind bei aller Freude auch mit einigem Argwohn zu betrachten, wozu sich – insbesondere, wenn die Befürchtungen sich zu bestätigen scheinen – bald auch eine Portion Angst gesellen kann.

* * *

»Das Leben ist das, was uns zustößt, wenn wir gerade etwas anderes planen.« Dieser John Lennon zugeschriebene Satz trifft auf das Leben mit Kindern ganz besonders zu. Ein Kind – auch wenn es erwünscht oder sogar »geplant« ist (wie es in der heute üblichen Technokratensprache heißt) – ist ein solches Ereignis. Es ist ein Ausgriff in die Zukunft des Lebens – und als solcher eben nicht planbar, nicht kontrollierbar; zum Glück, möchten wir in aller Deutlichkeit anmerken. Das Kind fordert uns, es kann uns aber auch ängstigen – zum Beispiel, weil wir nicht wissen, woran wir mit ihm sind. Weil wir es nicht schaffen, seine Bedürfnisse so zu befriedigen, wie wir uns das vorgestellt hatten, und deshalb zu versagen meinen. Weil es uns die Eingegrenztheit unseres eigenen verwalteten und verplanten Daseins ebenso spiegelt wie unsere unerfüllten Wünsche – etwa die Sehnsucht, selber einmal völlig maßlos, vollkommen abhängig sein zu dürfen. Weil es uns den Spiegel unserer eigenen Kindheit vorhält, der versäumten Chancen, der verpaßten Gelegenheiten, unserer ungeklärten Beziehungen, unseres ungelebten Lebens.

Noch mehr als das Verhalten des Kindes können unsere Wünsche und Ansprüche Quelle der Angst werden. Wir haben das Kind ja quasi von vornherein mehr oder weniger fest in einen – uns überwiegend gar nicht bewußten – Lebensplan eingebaut. Aber das Kind verweigert sich, der Plan funktioniert nicht, unser Kalkül geht nicht auf. Unzufriedenheit ist die Folge: Warum läuft denn alles schon wieder ganz anders, als wir uns das vorgestellt haben?

Viele Eltern, besonders solche, die sich selbst für fortschrittlich halten, behaupten, sich von vornherein ganz und gar auf das Kind und seine Bedürfnisse eingestellt zu haben. Bisweilen wird sogar geleugnet, daß es überhaupt Wünsche und Erwartungen an das Kind gibt: »Ob Junge oder Mädchen ist mir doch egal! Hauptsache gesund!« Manchmal mag das wirklich so sein; in vielen Fällen jedoch stimmt es nicht. Nicht wenige Eltern verleugnen ihre Hoffnungen und Wünsche – aus Angst, als egoistisch und reaktionär zu gelten. Es könnte eine erste Hilfe für sie sein, wenn sie sich klarmachten, daß nur *Handlungen* egoistisch sind, nicht jedoch Gefühle. Aus einem Gefühl muß keineswegs zwangsläufig eine Tat folgen. Dies hängt freilich von unserem Umgang mit Gefühlen ab, und dazu gehören Ehrlichkeit und Selbstkritik. Andernfalls kehrt das Verdrängte irgendwann »unerledigt« wieder, meistens dann, wenn wir nicht darauf gefaßt sind.

Die Angst davor, »schlechte Eltern« zu sein, war vermutlich noch nie so groß wie heute, und es besteht die Gefahr, daß sie umschlägt in das resignative Empfinden, daß man als Vater oder Mutter eigentlich sowieso nur alles falsch machen kann. Das ist keine gute Atmosphäre, um die eigenen Gefühle unbefangen wahrnehmen zu lernen. Und doch wäre dies der erste Schritt, um nicht nur dem Kind, sondern auch sich selber gerecht zu werden.

Woher stammt dieser immense Aufwand an Vermeidung und Verdrängung? Warum eigentlich werden die Angst vor dem Kind und all die anderen negativen Gefühle, die Kinder nun einmal *auch* hervorrufen, allenthalben beharrlich verschwiegen, ja geradezu exkommuniziert? Was ist daran so besonders bedrohlich? Es handelt sich bei dieser Verdrängung offensichtlich um einen überindividuellen Prozeß, um ein soziales Arrangement. Daß eine Mutter, ein Vater, ein Elternpaar sich nicht eingestehen mögen, daß sie den eigenen Kindern nicht nur freundliche Gefühle entgegenbringen, dafür sind Ursachen verantwortlich, die wir bereits beleuchtet haben: Schuldgefühle gegenüber dem Kind und das Gefühl, als Eltern versagt zu haben – ebenso aber auch die Enttäuschung über die keineswegs nur harmonische Familiensituation, die Angst, selber zu kurz zu kommen und der Neid auf den Neuankömmling. Aber warum ist das gesamte Gemeinwesen inklusive des hauptamtlich mit der Gestaltung und mit der Erforschung des Sozialisationsprozesses betrauten Fachpersonals so wenig sensibel für dieses Phänomen, warum muß hier nachgerade ein »blinder Fleck« der gesellschaftlichen Selbstwahrnehmung vermutet werden?

Ein Grund für diese Nichtwahrnehmung, wenn nicht gar aktive Verdrängung liegt sicher im Bestreben, das Verhältnis zwischen den Generationen zu harmonisieren, seine Konflikthaftigkeit zu beschönigen und die Familie zum Ort des höchsten Glücks zu verklären. Die Angst der Eltern ist nicht das einzige Gefühl, das dabei »niedergebügelt« werden muß. Darauf werde ich gleich noch zu sprechen kommen (siehe S. 138), doch zunächst ist es hilfreich, das Wesen dieses Einebnungsvorgangs zu betrachten. Auch bei den Autorinnen und Autoren, die sich an diesem Trugspiel der Illusionen nicht beteiligen – früher waren es Einzelkämpfer, in letzter Zeit steigt ihre Zahl deutlich an –, werden andere Gefühle wie zum Beispiel Wut, Zorn und Ärger auf das Kind noch am ehesten anerkannt und dann, erfreulicherweise, auch als völlig normal angesehen. Nur die Angst wird allemal und mit einer Regelmäßigkeit »übersehen«, die keinesfalls bloßer Zufall zu sein scheint.

Einige knapp gefaßte Beispiele illustrieren das: Von 1966 stammt ein Artikel »Zur Rolle von Autorität und Sexualität im Generationskonflikt« von Wolfgang Hochheimer, der im Vorfeld des sich in Deutschland anbahnenden tiefgreifenden sozialen Umbruchs durch Ehrlichkeit besticht.

>»Die Tatsache, daß der homo sapiens noch immer domestiziert werden muß, ist und bleibt konfliktträchtig. Seelische Naturkräfte müssen sozialisiert werden. Das geschieht seitens Älterer gegenüber Jüngeren und pflegt nicht ohne Widerstände abzugehen ... Unsere Kinder beunruhigen uns nicht zuletzt deshalb zutiefst, weil sie uns vor Augen halten, was sich in uns selbst weiter regt.«[100]

All dies ist treffend beobachtet und prägnant formuliert. Auf die naheliegende Idee, daß dadurch aber auch *Angst* auf seiten der Eltern geweckt werden könnte, kommt der Verfasser jedoch offensichtlich nicht.

Fünfundzwanzig Jahre später schreibt Karin Tilli in einer ausführlichen Arbeit über »Stillfrequenz, Stilldauer und Abstillgründe« unter anderem:

>»Hinter dem physiologisch begründeten Abstillgrund ›Milchmangel‹ verbergen sich andere Gründe, die von den Frauen aber nicht explizit genannt werden, weil sie der gesellschaftlich geforderten Kindzentriertheit der Mutter widersprechen und als egoistisch, somit unerwünscht, angesehen werden. Hinter dem Abstillen aus

Milchmangel verbirgt sich ein verhaltener Protest gegen eine Reduktion der Persönlichkeit auf mütterliche Funktionen, ein Ärger auf den ›unersättlichen und aufsaugenden‹ Säugling. Die Mütter geben ihrer Enttäuschung über ein ideologisch gegebenes Versprechen, das individuell nicht eingelöst werden kann, Ausdruck. Im Gegensatz zu der vor der Geburt vermittelten glücklichen Stillbeziehung, Mutter und Kind werden auf Weichzeichnerabbildungen in trauter Harmonie gezeigt, bringt die Realität Unsicherheiten, Stress, Übermüdung und schreiende Kinder. Neben dieser unerwarteten und kaum antizipierbaren Realität verblassen die positiven Aspekte der Stillbeziehung zeitweise. Dies vor allem dann, wenn sie eher intellektuell und nicht emotional vermittelt und verankert sind.«[101]

Die hier mitgeteilten Beobachtungen sind gewiß korrekt ermittelt, und auch gegen ihre Interpretation habe ich nichts einzuwenden. Bis auf einen Punkt: Es hätte eigentlich so nahe gelegen, aus der Vorstellung der Mutter, sie werde von ihrem unersättlichen Kind »aufgesaugt«, auch auf dadurch hervorgerufene Ängste zu schließen, daß es schon sehr ins Auge fällt, wenn die Autorin es unterläßt, just diese Konsequenz zu ziehen.

Es könnte somit fast den Anschein haben, als gäbe es eine allgemeine, unbewußte, stillschweigende Übereinkunft, das Thema Elternangst nicht anzusprechen. Warum? Welche Motive könnten einem solchen Tabu zugrunde liegen?

Eine der am tiefsten verwurzelten, ganz sicher auch kulturell verankerten Selbstverständlichkeiten liegt in der Überzeugung, daß unsere Kinder hilflose, passive Wesen sind, die von den Eltern aktiv versorgt und betreut werden müssen. Die Eltern haben nicht nur im familiären Bedingungsgefüge zu »funktionieren«, also Nahrung für das Kind bereitzustellen, es in den Schlaf zu wiegen und zu beschützen, sie sind zusätzlich – wie im zweiten Kapitel dieses Buches beschrieben – als Sachwalter des Gemeinwesens, als »Sozialisationsagenten« tätig. Dies alles erfordert Engagement und Einsatz, oft genug bis zur Erschöpfung. Die seit rund zwei Jahrzehnten systematisch betriebene Kleinkindforschung hat zwar zutage gefördert, daß auch das Neugeborene schon sehr viel mehr »kann«, als die Wissenschaft sich vordem hat träumen lassen, aber dennoch überwiegt bei weitem all das, was der Säugling *nicht* kann: laufen, sprechen, sich mit Nahrung versorgen etc. etc. Und weil das Alltagsleben die jungen Eltern und alle anderen halbwegs unvoreingenommenen Beobachter mit drastischen Mitteln über diesen Sachverhalt belehrt, neigen wir dazu, es ganz selbstverständlich für gewiß zu halten, daß es sich auf der emotionalen Ebene ebenso verhält: Die Eltern sind zwar bisweilen genervt und müde, aber dennoch groß und übermächtig; das Kind ist klein, hilflos und hat sich – es mag schreien, soviel es will – letzten Endes in sein Geschick zu fügen.

Die *Elternangst* paßt nicht in dieses Tableau. Sie führt zu einer – doppelten! – Rollenumkehr: Das Kind *ängstigt* die Eltern – es macht etwas mit ihnen, es hat Macht über sie. Daß es von dieser Macht aller Wahrscheinlichkeit nach gar keine Ahnung hat, ändert nichts daran, daß es sie gibt. Macht muß dem Machthaber nicht bewußt sein.[102] Die Eltern sind dadurch passiviert, und zwar in radikaler Weise. Sie sind plötzlich selber ohnmächtig, und ihre Ohnmacht läßt sich schwer »handhaben« – die Angst hat keinen »Abstellknopf«. All das soll durch diesen Winzling ausgelöst worden sein? Unmöglich! Das kann, das darf nicht sein. Wir wären dann ja keine Eltern mehr. Und deshalb, so scheint es, gibt es keine Elternangst – weil »nicht sein kann, was nicht sein darf« (Christian Morgenstern).

Die Art und Weise, wie dieses so dringlich erwünschte Hinwegzaubern der Elternangst bewerkstelligt werden kann, ist außerordentlich vielfältig. Ein probates Mittel ist die klebrige »Harmoniesauce«, die mit großem Schwung über das Verhältnis der Generationen gegossen wird: »Wir wollen ja nur euer Bestes!«/»Ich will der beste Freund meiner Kinder sein!« – und so weiter, und so fort.

Dazu noch einmal ein Rückgriff auf das dritte Kapitel dieses Buches, wo ja bereits einige »Fälle« aus dem Mittelalter zitiert wurden. Die damals allgemein übliche, »unzivilisierte« – das heißt offene – Art der Gefühlswahrnehmung und des Gefühlsausdrucks ließ auch die Konflikthaftigkeit der Beziehung zwischen den Generationen offener zutage treten und führte gewiß auch zu einem gerüttelt Maß an offener Brutalität. Jedenfalls waren die Verhältnisse klarer.

»Noch etwas macht mich bang: daß mir der Lärm der kleinen Kinder in die Ohren dringt durch und durch«, heißt es beim Minnesänger Oswald von Wolkenstein 1426; ein Historiker unserer Tage ergänzt: »Die burgherrschaftliche Familie entpuppt sich als ein mit Gezerfe und Gezeter geladenes Gebilde fast kleinbürgerlichen Schlags. ›Vor Angst‹ schlägt Oswald seine Kinder, da kommt die Mutter angebraust, der zornige Wortwechsel droht handgreiflich zu werden (›Gäb sie mir eines mit der Faust, müßte ich es sehr entgelten‹) ...«[103] Diese Atmosphäre offener, unverhohlener Aggressivität macht es immerhin möglich, auch die eigene Angst vor den Kindern wahrzunehmen und beim Namen zu nennen.

Noch einmal: »Jedes Kind ist ein in die Zukunft hin offenes Wagnis – und überall, wo gewagt wird, ist auch die Angst mit im Spiel.« Im Mittelalter hätte man es vor allem dem Walten Gottes zugeschrieben, wenn ein solches Wagnis gelang – im negativen Fall sah man den Einfluß böser Geister, vielleicht gar Satans am Werk. Wo etwa ein Kind durch beständiges Schreien seine Eltern terrorisierte, war man schnell damit bei der Hand, es für einen Wechselbalg, für einen vom Höllenfürsten und von seinen dienstbaren Geistern unterschobenen Dämon zu halten, was dann auch die entsprechenden Umgangsformen bis hin zur brutalen Vernichtung dieses »teuflischen« Kindes rechtfertigte.

Die Leitvorstellung heute sieht völlig anders aus: Wie sich das Kind entwickelt, ob »etwas Gutes aus ihm wird« – all dies wird ganz überwiegend dem Verantwortungsbereich seiner Eltern zugeschoben. Ob sie ihre Kinder fördern oder traumatisieren, ob diese glücklich werden, Karriere machen oder im Gefängnis landen – das elterliche Milieu und die dadurch geprägten Erfahrungen in frühester Kindheit werden allemal als ausschlaggebend erachtet.

Diese Theorie soll hier nicht kritisch hinterfragt werden. Obwohl es möglicherweise Anlaß zu einigen Relativierungen gibt,[104] ist es sicher unstrittig, welch große Bedeutung das vorrangig von den Eltern gestaltete – und daher auch von ihnen zu verantwortende – Milieu für die kindliche Entwicklung bedeutet; es wäre gewiß kein Fortschritt, wenn wir wieder das Walten des Satans bemühen würden, um den Umgang mit unseren Kindern einfacher zu gestalten.

Dennoch muß darauf verwiesen werden, welche *Last* die bisweilen ins Unmäßige übersteigerte Theorie von der Verantwortung der Eltern für die Eltern selbst bedeutet. Größenwahn und Perfektionismus einerseits, chronifiziertes schlechtes Gewissen, Angst zu versagen und fortwährende Selbstzweifel andererseits liegen eng beieinander. Die Angst der Eltern vor dem Kind als reale Möglichkeit anzuerkennen, ja diese Angst an sich selbst und an anderen wahrnehmen zu lernen – das würde vermutlich eine beachtliche »Störgröße« in das mit größter Mühe ausbalancierte, beständig vom Absturz bedrohte System einschleusen. Das Gleichgewicht in unserem Seelenleben zu wahren ist allerdings lebenswichtig, und die dazu benutzten, uns in aller Regel gar nicht mehr bewußten Mechanismen hat das Leben in einem viele tausend Jahre alten Trainingsprogramm immer wieder neu erprobt, denn wer mit sich selber nicht »im Lot« ist, hat schlechte Chancen, die Anforderungen der Außenwelt zu bewältigen.

Offensichtlich ist die allgegenwärtige Mißachtung der Elternangst ein stillschweigender Versuch, der Möglichkeit eines derartigen »Entgleisens« vorzubeugen – so wird ein Verhaltensprogramm, das lange Zeit einen hohen Anpassungs- und Überlebenswert besaß, heute, unter sehr veränderten Lebensumständen, zum hinderlichen Klotz am Bein.

Das letzte Wort zu diesem Thema ist gewiß noch nicht gesprochen; ich hoffe sehr darauf, daß meine Gedanken von anderer Seite kommentiert, überprüft, gegebenenfalls auch korrigiert werden. Ein vorurteilsloser Einstieg in die Diskussion der bislang so hartnäckig übergangenen Problematik wäre jedenfalls ein wichtiger Schritt hin zu einem Mehr an Ehrlichkeit im Verhältnis der Generationen.

Genau davon würden letzten Endes Eltern und Kinder profitieren. Es wäre sozusagen eine der Gummiwände beseitigt, gegen die die Kinder von heute anrennen müssen.

* * *

Die Angst der Eltern vor dem Kind wurde bislang als beispielhaft für alle »negativen«, das heißt ein vermeintlich harmonisches und konfliktarmes Verhältnis störenden Gefühle behandelt, und da gerade die Angst den Gefühlshaushalt und das Seelenleben eines Menschen so stark prägt wie kein anderer Affekt, hatte dieses Vorgehen durchaus seine Berechtigung. Allerdings gibt es noch andere Aspekte, die hier wenigstens kurz angesprochen werden sollen.

Da ist zunächst einmal der elterliche *Narzißmus*. Das Gefühl von der eigenen Wichtigkeit und Bedeutung springt gleichsam auf das Kind über. Es sind die hochfliegenden Pläne der Eltern, die dafür sorgen, daß sie in ihrem Kind schon kurz nach der Geburt den künftigen Nobelpreisträger oder den gefeierten Bühnenstar sehen – eine chronische *Überschätzung* des Kindes, deren Quelle meist die eigene Bedürftigkeit ist. In einer von Diane Ehrensaft sehr plastisch geschilderten Fallvignette wird diese Tendenz deutlich:

»Stanley sprach über seinen vierjährigen Sohn nur in den höchsten Tönen. Der kleine Aaron konnte *unglaublich* gut Ski fahren, er hatte ein *phänomenales* musikalisches Gehör und er war *genial* beim Puzzlespiel. Wir nahmen Stanleys Beschreibungen seines Sohnes auf Band auf. Würde es ihm gefallen, wenn ein anderer ständig so über ihn spräche, insbesondere ein Mensch, der ihm sehr nahesteht? Sich selbst zuzuhören und sich in die Lage seines Sohnes zu versetzen öffnete Stanley die Augen dafür, unter welch enormen Druck er mit seiner Lobhudelei seinen kleinen Sohn setzte. Er entdeckte, daß Fürsorglichkeit nicht dasselbe ist wie Überschätzung und daß seine Form der Überschätzung in Wirklichkeit eine Vernachlässigung war, weil er Aarons

kleines Ich und seine wirklichen Bedürfnisse gar
nicht zur Kenntnis nahm. Wenn er diese Schwär-
merei weiter betrieben hätte, dann hätte er nur
seine eigenen narzißtischen Bedürfnisse und in-
ternalisierten Ängste ausgelebt, statt Aaron zu
helfen, ein robuster und selbstbewußter Junge zu
werden, der mit dem zufrieden war, was er tun
konnte, statt ständig damit konfrontiert zu werden, was andere ihm zutrauten oder abverlang-
ten.«[105]

Das eigentliche Problem ist nun weniger der elterliche Narzißmus an sich, sondern dessen extreme Größenordnung –
sie ist so überdimensioniert, daß die narzißtische Haltung,
die auf das Kind »abfärbt«, sich seiner voll und ganz be-
mächtigt, es sozusagen zum Vollzugsorgan werden läßt,
mit dessen Hilfe die Eltern endlich ihr »grandioses Selbst«
inszenieren können. Der Gegenpol zu dieser Haltung wäre
der *Neid* (»Das habe ich aber nie gedurft ...«), wobei sich in
der Praxis Neid und Narzißmus durchaus miteinander ver-
binden können: Das Ensemble unserer Gefühle folgt in seinem Zusammenspiel anderen Gesetzen als denen der formalen Logik.

Neid ist ein fundamentales Problem in der Beziehung
der Eltern zu ihrem Kind, meint der Psychoanalytiker Donald W. Winnicott: »Der kostbare und flüchtige Besitz der
Jugend ist ihr unerschöpfliches Potential. Das löst beim Erwachsenen, der in seinem eigenen Leben an die Grenzen
der Realität stößt, Neid aus.«[106] (Im Grunde bildet diese

Form von Neid auch das Leitmotiv des auf S. 64/65 zitierten Fontane-Gedichts.)

Nach allem, was wir bisher erörtert haben, kann das Problem jetzt noch konkreter gefaßt werden: Gerade wenn Kinder mit Erfolg die von ihren Eltern gesetzten Ziele erreichen (unter welchen inneren Opfern auch immer), werden in sich ungefestigte, von unbewußt-maßlosen Wünschen und Größenphantasien gepeinigte Menschen diese Leistungsfähigkeit nicht alleine mit Befriedigung, sondern eher mit »gemischten Gefühlen« beobachten – ganz im Sinne der alten Weisheit: »Hüte dich vor deinen Wünschen, denn sie könnten wahr werden.« Das Kernproblem liegt darin, daß sich besonders erfolgreiche Kinder tendenziell der Kontrolle durch die Eltern entziehen, was nicht nur Neid, sondern wiederum Angst auslösen kann – wie so oft besteht auch hier die Gefahr einer positiven Rückkopplung, einer Selbstverstärkung, gemeinhin als Teufelskreis bezeichnet. Dies kann zum Beispiel zu einer starken, oft lebenslang kaum mehr auflösbaren wechselseitigen Abhängigkeit führen, wie sie in der Tat gerade bei sogenannten Wunderkindern häufig zu beobachten ist. Deutlich ist jedenfalls, daß es – wie die emotionalen Gewichte im Einzelfall auch liegen mögen – nur noch selten oder gar nicht mehr zu einer klaren Trennung der elterlichen und der kindlichen Bedürfnisse kommt: Durch die Übermacht und den Einfluß der Eltern sind die individuellen Interessen so stark miteinander verfilzt und verwoben, daß sie oft nicht mehr als getrennt wahrgenommen werden.

Diese Gefahr ist bei alleinerziehenden Elternteilen – das

sind in der Mehrzahl die Mütter – besonders groß. Die Beziehungen zu anderen Erwachsenen wechseln schnell, und Partnerschaften, wenn sie denn ernsthaft angestrebt werden, enden immer wieder im Fiasko – das Kind hingegen ist der ruhende Pol, der sicherheitspendende Stabilitätsfaktor im Leben. Entsprechend stark werden die Versuche sein, das Kind an die Mutter zu binden. In jenem Kokon aus Gefühlen, den die Mutter um ihr Kind und um sich selber spinnt, um die heile Welt des Beieinanderseins gegen die als feindselig erlebte Umgebung abzuschirmen, wird das Kind ein intaktes und stabiles Selbst nur schwer entwickeln können.

* * *

Bei aller Konzentration auf die emotionalen und meist unbewußten Tendenzen darf die reale Überforderung der Eltern nicht übersehen werden, die erschwerend noch hinzukommt. Die Beschleunigung aller Lebensabläufe, das immer höhere »Grundrauschen« der Zivilisation mit ihrer Überfülle von Forderungen und Pflichten (von der Steuererklärung bis zum Elternsprechtag), die langen Wegstrecken zwischen Wohnung und Arbeitsstelle, die im Endeffekt jede Arbeitszeitverkürzung mehr als aufwiegen: all das führt dazu, daß die uns als »Muße« zur Verfügung stehende Zeit immer knapper wird.[107] In diesem schmalen Rest an wirklich *freier* Zeit wollen wir uns entspannen und verwöhnen lassen, die Ruhe genießen und in der Familie ein harmonisches Miteinander erleben – oft fehlt uns schlicht die Kraft, zeitraubende und belastende Konflikte durchzustehen, statt ihnen auszuweichen. Wenn Eltern keine Grenzen setzen oder das Übertreten bestehender Grenzen achselzuckend tolerieren, sind nicht selten Überforderung und nackte Erschöpfung mitbeteiligt. Wenn die Kinder vor dem Fernseher oder vor dem Computer sitzen, sind sie ruhig, stören nicht weiter und richten auch sonst keinen Schaden an – wir selber kommen dann endlich dazu, der Großtante zu schreiben, die Dias vom letzten Urlaub zu rahmen oder die Yuccapalme umzupflanzen, was ja schon längst nötig gewesen wäre. Werden wir aus dieser Beschäftigung jäh aufgeschreckt, weil zwischen den Geschwistern ein Disput darüber ausgebrochen ist, welche Pokémon-Edition als nächste mit welchem Gameboy gespielt werden darf, neigen wir möglicherweise dazu, einen Lösungsweg vorzugeben, der zwar die häusliche Ruhe rasch wiederherstellt (»Hört auf zu streiten – geht lieber an den Kühlschrank und holt euch beide ein Eis!«), auf Dauer aber eher Schaden anrichtet – etwa deshalb, weil das Kind, das den Streit provoziert hatte, damit eigentlich die Nähe der Eltern herbeizwingen wollte, die es vermißt (»Warum spielt ihr nie mit mir?«).

Wenn schon die reale Überforderung und Erschöpfung der Eltern einer Strategie der Konfliktvermeidung den Boden bereiten (und zwar besonders dann, wenn die inneren Leitbilder und Wertvorstellungen der Eltern diese Strategie unterstützen), so kommen als weiterer Verstärker noch die Schrittmacherdienste der gesellschaftlichen Moden hinzu, wie sie gerne unter dem Etikett »Zeitgeist« zusammengefaßt werden. Derartige Trends gibt es ja tatsächlich – der

Übergang von der Daseinsvorsorge zur »Erlebnisgesellschaft« gehört ohne Zweifel dazu. Es ist die Welt des Werbefernsehens, die den Menschen das Muster liefert, wie ihr eigenes Leben abzulaufen hätte (und die zugleich das Gefühl erzeugt, betrogen worden zu sein, wenn die subjektive Realität anders aussieht) – eine Welt junger, attraktiver, leistungsfähiger Menschen, die miteinander Spaß haben; Streit taucht in diesen heiteren Sphären des Genusses und des Spiels ebensowenig auf wie Krankheit, gar Tod, oder Behinderung und Schmerz. »Das ist nun mal das Wesen der Werbung«, wird man einwenden. Ganz richtig; Probleme entstehen aber dann, wenn immer mehr Menschen glauben, die Werbung zeige das »eigentliche« Leben, und wenn sie dieses Bild als Richtschnur für den eigenen Alltag nehmen. Interessengegensätze, so glauben viele Menschen in der Folge dieses Selbstbetrugs, sind mißlich, weil sie unseren Spielraum reduzieren; Konflikte kosten nur Zeit und verderben obendrein die Stimmung. Wird das Leben als eine große Party begriffen, bei der es in der Hauptsache darauf ankommt, nichts von den Showeinlagen zu verpassen, dann ist das alles andere als eine günstige Voraussetzung, um »die Mühsal der Ebenen« in ihrer ganzen Bedeutung erkennen zu können.

Ich will das nicht weiter ausführen. Die Situation der Eltern und die Fülle möglicher Gefühle und Motive, aus denen heraus sie dazu neigen, Konflikte mit ihren Kindern jedenfalls vordergründig zu vermeiden, sollte hinreichend deutlich geworden sein.

Das nächste Kapitel behandelt die Interessenlage der

Kinder, und im Anschluß daran soll die Interaktion der beiden ungleichen Partner betrachtet werden, die in so hohem Maße aufeinander angewiesen sind. Das Maß der Abhängigkeit ist allerdings nicht ganz so groß, wie gemeinhin geglaubt wird – deshalb verweist das letzte Kapitel darauf, daß Eltern nicht die einzigen Partner unserer Kinder sind. Im Gegenteil, die dominierende Rolle der Eltern ist das Ergebnis eines tiefgreifenden gesellschaftlichen und kulturellen Wandels und weit davon entfernt, eine »Naturkonstante« zu sein. Auch das sollte besser nicht in Vergessenheit geraten.

5

Die Kinder: Zur Liebe verurteilt

Soweit Psychologen wissen, bringen Kinder auf der ganzen Welt von Anfang an nahestehenden Menschen liebevolle Gefühle entgegen und reagieren ablehnend auf Brutalität und Ungerechtigkeit«, schreibt der an der Stanford University lehrende Psychologieprofessor William Damon. Und weiter:»Unterschiede in den sozialen Emotionen bilden sich erst später heraus. Erst unter den spezifischen Wertesystemen der einzelnen Kulturen differenziert sich aus, was genau eine bestimmte soziale Reaktion auslöst und wie diese ausfällt.«[108]

Der Einfluß, den die nächsten Bezugspersonen des Kindes dabei haben – in der Regel die Eltern oder jedenfalls ein Elternteil –, ist evident und nicht weiter strittig; notorisch unterschätzt wird hingegen der Einfluß von Geschwistern, Freunden und»peergroups«, wie die Gleichaltrigen im Wissenschaftsjargon genannt werden (dazu S. 183 ff.).

Das Kind ist sozusagen von der Natur dazu verurteilt, seine Eltern lieben zu müssen. Es ist zugleich existentiell darauf angewiesen, daß seine positiven Gefühle erwidert werden. Die Folgen, falls ein solches Feedback nicht erfolgt, sind wohlbekannt und von den grausamen Versuchen an Rhesusäffchen, die Harry Harlow durchgeführt hat, bis zur Beschreibung des kindlichen »Hospitalismus« durch René A. Spitz wieder und wieder belegt und bekräftigt worden. Auf der kindlichen Seite dieses Wechselspiels gibt es einige Faktoren, die noch bei weitem nicht so gut erforscht sind, wie das wünschenswert wäre – dazu gehört, beispielsweise, die Fähigkeit etlicher Kinder, die unter entsetzlichen Verhältnissen aufwachsen müssen, sich irgendwie »Kompensation zu verschaffen«, also etwa einen anderen Erwachsenen für sich zu gewinnen (die Großmutter, einen entfernten Verwandten, die Gemeindeschwester oder sonst jemanden), der helfend eingreift und an Stelle der versagenden Eltern tätig wird.[109] Sosehr Kinder und insbesondere Kleinkinder ihrer Umgebung auch ausgeliefert sein mögen – völlig hilflos sind sie offenbar nicht.

Was im Falle von Neugeborenen und Säuglingen unausweichlich ist, weil es hier um nicht wegzudiskutierende Grundbedürfnisse des Kindes geht – um Nahrung, Nähe, Trost, Schutz, liebevolle Zuwendung –, das relativiert sich mit zunehmender Eigenständigkeit des Kleinkinds. Unser Fehler besteht darin, ein Verhalten, das auf die Bedürfnisse von hilflosen Neugeborenen zugeschnitten ist, auf die Kindheit insgesamt auszudehnen. Doch damit verhalten wir uns nicht nur selber infantil, wir halten auch unsere Kinder klein und abhängig. Wir haben uns so sehr daran gewöhnt und als Norm verinnerlicht, daß uns eine Frage wie die folgende geradezu ungeheuerlich erscheint: Welches Maß an nicht liebenswertem Verhalten »dürfen« Kinder von ihren Eltern »verlangen«? Die beiden Verben ste-

148

hen selbstredend für eine rein bildhafte Wendung, denn die Kinder verlangen von ihren Eltern natürlich genau das Gegenteil. Ein elterliches Verhalten, das ihren Wünschen aktuell – und zumindest kurzfristig – zuwiderläuft, ist für sie unwillkommen, verabscheuungswürdig und »böse«. Dennoch bin ich davon überzeugt, daß Kinder in einem allgemeineren Sinn – den sie selbst natürlich noch nicht erfassen können – ein Recht auf nonkonformistisches und deshalb ärgerliches, ja hassenswertes Verhalten ihrer Eltern haben. Für die Entwicklung ihrer Persönlichkeit sind sie auf dieses Verhalten sogar angewiesen, weil es ihnen jenen Widerpart vermittelt, den sie dringend benötigen, um in heftigen, oft schmerzlichen Auseinandersetzungen Erfahrungen zu sammeln, heranzureifen und – im günstigsten Fall – ein inneres Gleichgewicht zu erreichen, das auch einen gesicherten moralischen Standpunkt beinhaltet.

Kinder lernen früh, daß die Art und Weise, wie sie von ihrer Umgebung (über deren Struktur und Geschichte sie ja nichts wissen) versorgt werden, keinesfalls so gestaltet ist, daß sie nicht noch Wünsche offenließe. Einen dauerhaften Glückszustand gibt es nicht und hat es nie gegeben – nicht einmal im Mutterleib. Die früher häufig vorgetragene Hypothese, der intrauterine Zustand, das gleichmäßig-ruhige Schweben im Fruchtwasser bei ständiger Versorgung durch Plazenta und Nabelschnur sei gewissermaßen das lebensgeschichtliche Paradies, aus dem das Kind mit dem »Trauma der Geburt« ausgetrieben wird, ist von der neueren Forschung eindrucksvoll entkräftet worden. Beispielsweise registrieren Kinder im Mutterleib eine lautstarke Auseinandersetzung zwischen den Eltern (beziehungsweise den »Menschen draußen«) durchaus, und es spricht viel dafür, daß sie derartige Reizkonstellationen als höchst unangenehme Erlebnisse bewerten.

Nach der Geburt ist es nicht viel anders: Die Kinder reagieren auf das, was sie als »Mangel« oder »Zumutung« empfinden, mit einem Gemisch aus Wut und Ärger. Offensichtlich neigen sie schon früh dazu, ihrem Gegenüber ähnliche Reaktionen ebenfalls »zuzutrauen«. Oft genug müssen sie solche Gefühle ja auch wirklich erleben: Die wenigsten Eltern sind hellauf begeistert, wenn sie sich beim Wechseln der Windeln einen Moment abwenden und das Baby in diesem Augenblick die Wand hinter seiner Wickelkommode mit Scheiße beschmiert. Eltern mögen so sanftmütig sein, wie sie wollen – jedes Kind tut irgendwann irgend etwas, was den Erwachsenen heftig gegen den Strich geht, und dann werden sie dieses eigene Empfinden auch ihr Kind »fühlen lassen«, ob das nun in ihrer Absicht liegt oder nicht.

Es wäre ja auch höchst töricht, wenn die Eltern ernsthaft versuchen wollten, derartige Reaktionen (die schlicht und einfach *menschlich* sind) zu unterdrücken oder zu vermeiden. Ein so ehrgeiziges Ziel ließe sich nur im Zustand der Gottähnlichkeit wenigstens halbwegs verwirklichen, und diese Gefilde der Vollkommenheit bleiben uns nun mal verschlossen – auch wenn es immer wieder Eltern gibt, die den Anschein erwecken möchten, als seien gerade sie die Ausnahme von der Regel.

Das Kind wird also ab einem gewissen Alter das Gefühl durchleben, etwas falsch gemacht zu haben, womöglich sogar – wenn es nämlich gar nichts getan hat oder sich einer Tat jedenfalls nicht bewußt ist – irgendwie selber »falsch zu sein«. Das Entstehen einer solchen »Seinsschuld« (ein Lieblingswort des Dichters Friedrich Hebbel) oder, anders gesagt, eines frühen und schweren Schamempfindens ist immer ein recht bedenkliches Vorkommnis, und zwar um so mehr, als es sich meist im verborgenen ereignet (wie bereits erwähnt, lebt Kafkas »Brief an den Vater« nahezu völlig von dieser Schilderung[110]). Zu solchen frühen Beschämungserlebnissen kann es zum Beispiel dann kommen, wenn sich durch Fleischfütterung der Geruch des Kleinkinderstuhls ändert – eine Mutter mit sensibler Nase und sonstigen Empfindsamkeiten empfindet dann möglicherweise Abscheu, wird sich ab sofort weniger Zeit für das Wickeln des Kindes nehmen, dabei einen Gesichtsausdruck zeigen, der dem Kind bis dahin fremd war und der von ihm nicht als Zeichen gesteigerter Zuwendung gewertet wird. Unvermittelt sieht es im Auge der Mutter nicht mehr Glanz, sondern Widerwillen; die Gründe dieser Veränderung bleiben ihm freilich völlig unbekannt. Es sind weitere Szenarien denkbar, die ebenfalls zu einem Gefühl der Zurückweisung beim Kind führen. Wie gerechtfertigt dieses Empfinden auch sein mag, es ist nun einmal entstanden und damit zur Realität geworden.

Was auch immer im einzelnen vorgefallen ist und welche emotionalen Erschütterungen das Kind nun zu überstehen hat – es wird auf jeden Fall damit beginnen, seine Umgebung (und auch sich selber oder jedenfalls Teile des eigenen Selbst) nach »richtig« und »falsch«, nach »gut« und »böse« zu klassifizieren. So wird nicht nur die Basis für das Selbstempfinden und Selbsterleben geschaffen, zum Beispiel für das individuelle Körperschema, für das Gefühl, hübsch oder häßlich zu sein, für eine mögliche Furcht, sich zu exponieren, aufzufallen, öffentlich rot zu werden und so fort; die hier nur sehr vergröbert skizzierte Entwicklung liefert auch das Fundament dessen, was wir gemeinhin und oft mit überhöhtem Pathos als »Moral« bezeichnen.

Ich habe oben bewußt von einem »gesicherten moralischen *Standpunkt*« gesprochen, den das Kind sich angeeignet haben soll, wenn wir unsere Sozialisationsbemühungen als geglückt betrachten wollen. Ein moralischer Standpunkt ist etwas anderes als ein moralisches *Urteil* (»Zu erkennen, was gut und böse ist« setzt nach der christlichen Überlieferung den Genuß von Äpfeln voraus; ich meinerseits halte eher kompetente Eltern für erforderlich).

Die frühere psychologische Forschung hat sich stark auf diese Urteilsbildung, das heißt auf die kognitiven Fähigkeiten des Kindes konzentriert. Diese Linie hat vor allem der Schweizer Psychologe Jean Piaget mit seinem berühmten Werk *Das moralische Urteil beim Kinde* aus dem Jahre 1932 begründet. Der Urteilsfähigkeit müssen freilich noch andere Faktoren zur Seite treten, wenn mehr gefordert sein soll als die rein intellektuelle Leistung: Es geht ja nicht nur darum, daß das Kind das Wertesystem *begreift,* das in der Gemeinschaft, in die es hineingeboren worden ist, zu gelten scheint. Es kommt vor allem darauf an, ob es auch fähig ist, sich in der Praxis nach den entsprechenden Regeln zu richten. Zum Wissen um das Regelwerk muß daher die »Stimme des Gewissens« treten – der Impuls, die Diskrepanz zwischen den Wertnormen der Gemeinschaft und dem eigenen Verhalten nicht einfach hinzunehmen.

Dieses sogenannte Gewissen war für Sigmund Freud, den Begründer der »Tiefenpsychologie« und ihrer praktischen Anwendung (der Psychoanalyse), nichts anderes als der bewußte Teil einer »Instanz« oder »Provinz« des Seelenlebens, die er im letzten Stadium seiner Begriffsbildung als »Über-Ich« bezeichnet hat. Wir würden heute wohl eher von einem *Regulationsmechanismus* sprechen, dessen Funktion – die möglicherweise auf einem Ensemble komplizierter Einzelvorgänge beruht – wesentlich interessanter ist als sein vermeintlicher Sitz. Dieser wertende und regelnde Vorgang entsteht durch die Verinnerlichung von Zwängen, die dem Kind zunächst in der Person der Eltern (beziehungsweise in Gestalt der in entsprechender Funktion handelnden Bezugspersonen) entgegentreten – freilich agieren auch diese zu einem nicht geringen Teil als Sachwalter des Gemeinwesens, seiner Traditionen, seiner Ideologien und so fort. Diese internalisierte Regulation errichtet ein »Ich-Ideal«, also einen Sollwert (zum Beispiel »Edel sei der Mensch, hilfreich und gut«), mit dem nicht nur das reale Handeln, sondern auch das Wünschen und Wollen des Individuums verglichen wird, was dann in eine innere Bewertung mündet – eben durch das Gewissen, das Freud auch als den »Wächter« des »Ich-Ideals« bezeichnet hat. Historisch spiegelt sich hier die Ausbildung des bürgerlichen Selbstbilds und seines Tugendkatalogs wider; die Beziehungen zur protestantischen Ethik sind deutlich (der Soziologe Max Weber hat das Entstehen der modernen »Arbeitsmoral« samt Fleiß, Strebsamkeit und Ordnungsliebe mit dem Weltbild des Protestantismus in Zusammenhang gesetzt).

Wichtiger als die von Freud verwendeten Begriffe scheint mir allerdings seine so berühmte wie umstrittene Beobachtung zu sein, daß die Strenge dieses »Über-Ich« mit der Härte der Erziehung zwar zusammenhängen *kann,* aber nicht *muß:* Das Kind, frustriert von den Erziehungsmaßnahmen, mit denen die Eltern seinen vielfältigen und oft höchst intensiven Wünschen entgegentreten, reagiert auf die Einschränkung seiner Bestrebungen mit Wut und Aggression. Diese Aggressivität wird es aber bei den Eltern nicht los, die übermächtig sind, von denen es existentiell abhängig ist, die es liebt und denen es später auch dankbar sein zu müssen glaubt. Zur Autorität der Eltern gehört nämlich auch die Möglichkeit, ein weitgehendes Verbot von Aggressionen gegen diese elterliche Autorität durchzusetzen. So kommt es am Ende dahin, daß aus der äußeren Autorität der Gemeinschaft und deren Repräsentanten (= Eltern), an denen sich das Kind nicht rächen kann und darf, schließlich eine verinnerlichte Autorität wird, nämlich das »Über-Ich«, und daß, schlimmer noch, »diese Instanz in den Besitz all der Aggression gerät, die man gern als Kind gegen sie ausgeübt hätte«.[111]

Das »Über-Ich« (und mit ihm das Gewissen) entspringt also nach dieser Lehrmeinung im wesentlichen aus zwei

Quellen – aus der Angst vor Strafe und aus der Identifikation mit den Eltern. Welcher Anteil überwiegt, wird im Einzelfall stark vom jeweiligen Erziehungsstil abhängen. Jedenfalls kommt es zur allmählichen Verinnerlichung der Normen und zur Aufladung des »Über-Ich« mit jener aggressiven Energie, die auszuleben sich das Kind lieber verkneift. (Freuds Theorien entsprechen in ihrer konkreten Ausgestaltung recht genau dem zu seiner Zeit üblichen Erziehungsstil – den Freud vor allem deshalb zum Teil mißbilligte, weil er darin Heuchelei und Doppelmoral erkannte –, lassen dahinter aber auch ein noch heute gültiges Grundmuster erkennen.)

»Moderne« Eltern versuchen, vieles anders und besser zu machen als ihre eigenen Eltern. Manche verzichten sehr weitgehend auf Strafen – oder glauben jedenfalls, das zu tun; faktisch werden sie ihre Emotionen (zum Glück) nicht vollständig unter Kontrolle haben und deshalb oft trotzdem strafen, ohne es zu merken (vielleicht auch, ohne es zu wollen): Ein sensibles Kind wird eine Verstimmung der Mutter möglicherweise auf sich selbst als Verursacher zurückführen und, gerade weil die Mutter sich sonst so bemüht, sanft und lieb zu sein, über das eigene Handeln erschrecken (»Was habe ich bloß getan, daß Mutter so traurig/verstimmt/mißmutig ist?«). Andere Eltern werden weitgehend auf Regeln verzichten oder diese nur sehr vage formulieren – das Kind weiß dann nicht, woran es ist, und erst, wenn den Eltern plötzlich der Kragen platzt, begreift es, daß es zu weit gegangen ist. Gut wäre es freilich, der auslösende Vorfall – an sich kaum je ein Drama – würde

ihm erläutert, und zwar in einer auf seine Verständnis-
möglichkeiten abgestimmten Sprache.

Woran es in beiden Fällen fehlt, ist eine klare Koppelung
der Über-Ich-Aktivitäten (des schlechten Gewissens, das
das Kind spürt) mit dem, was man »Ich-Leistungen« nennt:
mit der Prüfung der Realität und ihrer Spielräume, mit der
Festlegung eigener Ziele und der dafür erforderlichen Mittel, mit einer Abwägung der möglichen Vorteile und Nachteile – Vorgänge, die im Bewußtsein oder jedenfalls be-
wußtseinsnah ablaufen, auch wenn sie durch unbewußte
Motive und Strebungen großenteils mitbestimmt sind.

Freud selbst – und ebenso viele seiner Epigonen – hatte
noch sehr schlichte Vorstellungen von diesem Zusammenspiel von Ich-Leistungen (»Ich möchte gerne im Garten
Fußball spielen. Wie ist das Wetter? Habe ich noch genügend Zeit? Ist überhaupt jemand da, der mit mir spielt?«)
und Über-Ich-Kontrolle (»Darf ich das überhaupt? Wird
Vati nicht wieder böse werden?« – eine Frage, die sich
möglicherweise nicht bewußt stellt, sondern nur als diffu-
ses Unbehagen wahrgenommen wird ...). Er hatte es im
wesentlichen als Einbahnstraße beschrieben – das Über-
Ich fungiert für ihn als Damm oder Schranke gegen trieb-
hafte Impulse, die vor den Augen der Umwelt (wie sie sich
in den Eltern und ihren Geboten verkörpert) keine Gnade
finden. »Woran Freud nicht denkt, sind solche Inhalte des
Über-Ich, die nichts mit Triebwünschen, sondern mit Ich-
Bestrebungen zu tun haben«, unterstreicht der Psychoanalytiker Mathias Hirsch und betont, es könne ja sein, daß
auch andere Äußerungen des Kindes von den Eltern kana-

lisiert oder unterbunden werden: »Bestrebungen wie Autonomie, Selbstbewußtsein, Für-sich-Selbst-Sorgen, also Ich-Bestrebungen, die die Eltern nicht ertragen können und bekämpfen müssen, wodurch sie Über-Ich-Inhalte setzen. Auch die Liebe der Eltern erhalten zu wollen, ist schließlich ein Ich-Wunsch ...«[112]

Ein Kind, so läßt sich zusammenfassend sagen, wird sich dann gut in der Welt orientieren und zurechtfinden können, wenn es mindestens drei Dinge gelernt hat:

- Erstens, daß Bestrebungen wie die nach Unabhängigkeit und Autonomie (manchmal nur der schlichte Wunsch, von den Eltern einfach in Ruhe gelassen zu werden – moderne, überfürsorgliche Eltern tun sich damit nicht leicht ...) *geäußert werden dürfen* – daß sie die Eltern nicht erschrecken und überfordern, von diesen nicht als Zeichen der Abwendung, der schwindenden Liebe und des Verrats an der Beziehung interpretiert werden. Kurzum: Daß die Stimmung im Haus nicht schlechter wird, wenn das Kind auf seine Selbständigkeit pocht und diese in wachsendem Maß einfordert.

- Zweitens, daß es aber durchaus keinen Blankoscheck für die selbstverständliche Erfüllung solcher Bestrebungen und Wünsche gibt; die Eltern setzen ihnen Grenzen, weil sie einerseits das Wohl des Kindes im Auge behalten und weil sie andererseits eigene Bedürfnisse haben, die ebenfalls legitim sind. Kommt es zum Konflikt, müssen Kompromisse gefunden werden, mit denen im optimalen Fall beide Seiten gut klarkommen können – die meisten Fälle sind allerdings keineswegs optimal, und dann behalten die Eltern das letzte Wort. *So ist das eben* – und die Lösung des Problems besteht darin, selber erwachsen zu werden.

- Drittens ist es völlig in Ordnung, aus diesen und tausend anderen Gründen auf die Eltern sauer zu sein und sie für spießige, reaktionäre Halbidioten zu halten, mit denen man sich allerdings notgedrungen arrangieren muß. Dazu gehört es zwar nicht notwendigerweise, seine eigenen Gefühle zu verbergen, aber es läßt doch die Einhaltung bestimmter Taktiken geraten erscheinen. Alle Formen des praktischen Verhaltens müssen sich wiederum an einigen – wenn auch möglichst wenigen – Regeln orientieren. In außergewöhnlichen Situationen ist zwar manches erlaubt, was aus dem üblichen Rahmen fällt, aber trotzdem ist es nicht sonderlich klug, die Tür gerade dann laut zuzuknallen, wenn der Vater sich zu seinem sonntäglichen Mittagsschlaf zurückgezogen hat.

Solche Situationen in gegenseitigem Respekt zu meistern wird vor allem dann gelingen, wenn auch bei schweren Konflikten – wie sie zu jeder Art von menschlichem Miteinander gehören, und zu dem zweier Generationen erst recht – der *Kontaktfaden nicht reißt.*

Wie kann es dazu kommen? Wie kann das »innere Band« zwischen Eltern und Kind trotz aller Konflikte und

Krisen unversehrt bleiben? Der Schlüssel hierzu liegt in jenem zweiten Mechanismus, der bei der Über-Ich- und Gewissensbildung, also bei der Verinnerlichung von Normen und Werten, beteiligt ist: in der Identifikation. Verglichen mit der eher grobschlächtigen Einschüchterung durch Angst vor Strafen (früher oft genug »Leibstrafen« schrecklicher Art) ist dieser Vorgang der subtilere, damit vielleicht auch der nachhaltiger wirkende; er bedient sich höherer Ebenen der Kulturentwicklung und baut eher auf Sprache als auf Körperkraft. Wenn es sich mit seinen Eltern identifiziert, wird das Kind mit ihnen in Kontakt bleiben können, selbst wenn es sie – was sein gutes Recht ist – immer wieder für verbiestert, humorlos und rückständig, also kurzum für völlig unmöglich hält.

* * *

Der britische Psychoanalytiker Joseph Sandler schreibt:

>»Wenn man sich vergegenwärtigt, mit welcher Freude das ganz kleine Kind, bewußt oder unbewußt, einen Elternteil oder ältere Geschwister nachahmt, wird deutlich, ein wie wichtiges Mittel die Identifizierung ist, um im Kind das Gefühl des Geliebtwerdens zu erzeugen und es in einen inneren Zustand des Wohlbefindens zu versetzen. So könnte man sagen, die für das allmächtige und geliebte Objekt gehegte Achtung werde im Ich reproduziert und löse die Selbstachtung aus. Das

identifizierende Verhalten wird noch verstärkt durch die Liebe, die Anerkennung und das Lob des wirklichen Objekts.«[113]

Zwar wirkt der erste von Sandlers Sätzen nicht ganz logisch, aber auch das Seelenleben des Kindes folgt nicht der formalen Logik, sondern anderen Gesetzen, und insofern dürfte Sandler den Sachverhalt durchaus treffend beschreiben. Wichtig sind, wie er selbst bemerkt, die »Rückkopplungsschleifen«, das heißt, daß die Identifikation als sich selbst bekräftigender Vorgang abläuft.

Gegenläufige Kräfte gibt es selbstverständlich auch. Kinder sind äußerst sensibel, wenn sie Brüche und Widersprüche im Verhalten der Eltern entdecken, insbesondere bei einer Kluft zwischen Worten und Taten. Sie können dann sehr betroffen reagieren – mit dem klassischen Aperçu des römischen Philosophen Lucius Annaeus Seneca, der, auf seinen unphilosophischen Lebenswandel angesprochen, geantwortet haben soll, auch der Wegweiser zeige ja nur die Richtung und gehe nicht selber hin, haben sie nichts im Sinn. Mein Sohn Dominik hält mir, wenn er mich bei einem derartigen Lapsus ertappt – etwa, wenn ich aus voller Kehle durch das Haus brülle: »Seid nicht so laut, verdammt noch mal!« –, gerne und hartnäckig eine »Lebensweisheit« vor, die er irgendwo aufgeschnappt hat: »Ein Spiel erwarte ich von meinen Eltern jeden Tag – das Beispiel!«

Natürlich sind Kinder völlig im Recht, wenn sie es den Eltern kräftig unter die großen Nasen reiben, daß sie sie wieder einmal dabei ertappt haben, wie sie Wasser predigen und Wein trinken. Das mag humorvolle Züge annehmen, insbesondere, wenn die Eltern mit diesem Vorwurf angemessen umgehen können, aber der Hintergrund ist ernst. Jeder Einzelfall kann und soll offen und selbstkritisch diskutiert werden – wiederholt sich der Vorgang aber immer wieder, so sind auf der kognitiven Ebene Desillusionierung und Mißtrauen, auf der emotionalen Enttäuschung die Folge. Beides schwächt die Identifikation und wirkt ihr entgegen, eine Kluft entsteht, die ab einer gewissen Tiefe nur noch mühsam – wenn überhaupt – wieder gekittet werden kann.

Identifikation setzt auf seiten der Eltern also eine gewisse Geradlinigkeit und Beständigkeit voraus: Ein Wesen, das wie Proteus heute diese, morgen jene Gestalt einnimmt und bei alledem im Grunde unfaßbar bleibt, lädt nicht dazu ein, ein positives, bewundertes und begehrtes inneres Abbild von ihm zu schaffen. Kinder erwarten ja auch deshalb Konstanz, weil sich ihre eigene subjektive Welt ständig und rasch verändert, schon ihr Blickwinkel ist infolge des Größenwachstums ständig ein anderer. Sie fordern Konstanz von Personen, von der Umgebung, von Gegenständen und Kontexten; alle Eltern, die bei einem Märchen, das sie schon dutzendfach vorgelesen haben, einen Absatz zu überspringen versuchen, wissen davon ein Lied zu singen. Und die Kinder haben völlig recht. Eltern, die glauben, eine bestimmte Veränderung (etwa ein Ortswechsel) sei wirklich unabdingbar notwendig, etwa der eigenen beruflichen Karriere zuliebe, sollten immer mit in Erwägung ziehen, was das Ereignis für ihre Kinder bedeutet. Das heißt nicht, daß sie sich nach ihren Kindern richten oder diesen eine Art Vetorecht einräumen sollen – es heißt »nur«, daß sie genau überlegen sollen, was sie tun und welche Opfer sie möglicherweise fordern. Wenn sie dann auf ihrem Entschluß beharren, sollten sie die eigenen Beweggründe offen beim Namen nennen. Mit klaren, selbst mit möglicherweise schmerzhaften Entscheidungen können sich Kinder allemal besser arrangieren als mit Heuchelei – am meisten leiden sie unter dem Gefühl, ständig in einem Nebelvorhang aus Halbwahrheiten stochern zu müssen, hinter dem die Eltern sich und ihre Interessen zu verstecken versuchen.

Von Konsequenz und Konstanz abgesehen, gibt es noch andere Voraussetzungen dafür, daß der Prozeß der »Bindung durch Verinnerlichung« funktioniert. Identifikation setzt grundsätzlich voraus, daß das sich identifizierende Subjekt – es muß ja nicht immer ein Kind sein – sich als vom anderen getrennt erlebt; die Identifikation ist auch eine Form der Bewältigung dieses Getrennt- und Andersseins durch symbolische Wiederannäherung. Der Erwachsene bewältigt diesen Vorgang – wenn er nicht an einer schweren seelischen Störung, etwa an einer »schizoaffektiven Psychose« leidet – in der Regel völlig unbewußt und ohne größere Mühen, eben weil er seine Kindheit mit ihren Lernerfahrungen schon hinter sich hat; das Kind hingegen hat den Umgang mit dem Problemgemenge von Getrenntheit, Abgrenzung und Bindung erst mühsam erfassen und bewältigen müssen, und die Identifikation ist nur *eine* der Strategien, die dabei zum Einsatz kommen.

Aber auch für *diese* Strategie ist es wichtig, daß sie sich in der Interaktion mit einem Gegenüber entfaltet, das gerade dadurch als Gegenpol der eigenen Bestrebungen erkannt werden kann, daß es diesen Bestrebungen Grenzen zieht. »Wenn also eine Mutter dem Kind keine Grenzen setzt«, schreibt Jessica Benjamin in einem Buch mit dem bezeichnenden Titel *Die Fesseln der Liebe,* »wenn sie sich und ihre Interessen verleugnet, wenn sie sich völlig kontrollieren läßt – dann ist sie für das Kind keine lebendige Andere mehr.«[114] Und sie resümiert einige kindertherapeutische Beobachtungen mit den Worten: »Wenn das Kind die Unabhängigkeit der anderen respektiert, gewinnt es etwas, das ihm viel wichtiger sein kann als das Gefühl der Kontrolle: nämlich ein neues Gefühl der Verbundenheit mit anderen.«[115]

Aber auch diese Entwicklung ist nur dann möglich, wenn die Eltern dabei aktive Hilfestellung leisten. Und da dieses Buch für Eltern geschrieben worden ist und nicht für Kinder, will ich jetzt wieder die elterliche Perspektive einnehmen und untersuchen, was es mit dieser »Hilfestellung« auf sich hat. Soviel scheint freilich schon jetzt klar zu sein: Sie wird nur von Eltern wirkungsvoll geleistet werden können, die ein deutliches und nicht romantisch verklärtes Bild von der eigenen Rolle haben. Daß eben das oft schwerfällt, mag damit zusammenhängen, daß es sich um eine Rolle handelt, die sich gewissermaßen um zwei verschiedene Achsen dreht.

6

Nicht Kumpel, sondern Eltern

Im bisherigen Verlauf des Buches habe ich eine These über die Erwartungen von Menschen formuliert, die sich entschlossen haben, Eltern zu werden:

- Erstens wollen sie *eine Kindheit aktiv gestalten,* die sich positiv von jener abhebt, die sie selber erlebt haben (»Meine Kinder sollen es besser haben als ich ...«).
- Zweitens wollen sie *von ihren Kindern gemocht,* ja geliebt werden – zum einen überhaupt, zum anderen als Lohn für ebendiese Bemühung. Aber gerade darin werden sie oft bitter enttäuscht (im Volksmund: »Eines soll man von Kindern nie erwarten: Dankbarkeit ...«).

Dem habe ich die Bedürfnisse der Kinder entgegengestellt:

- Erstens sind Eltern für ihre Kinder eine *Nährstoffbasis,* also eine Versorgungseinheit, die verläßlich und konstant – bei Heranwachsen des Kindes allerdings

165

in abnehmenden Maße – zur Verfügung gestellt werden muß.

- Zweitens sind Eltern zugleich ein unersetzlicher *Trainingspartner*, also ein (lebender) Mechanismus, mit dessen Hilfe ein Kind in fortwährender Interaktion seine eigenen Fähigkeiten und sein Durchhaltevermögen steigern, durch praktisches Üben neue Erfahrungen sammeln und aus Fehlern lernen kann.

Diese Gegenüberstellung der elterlichen Erwartungen einerseits und der kindlichen Bedürfnisse andererseits macht unmittelbar einsichtig, daß es sich dabei jeweils um Positionen handelt, die derart verschieden sind, daß sie nicht miteinander zur Deckung gebracht werden können. Bleiben die Interessen beider Seiten unverändert, können sie nicht gleichermaßen befriedigt werden, auch wenn es selbstverständlich »Schnittmengen« gibt. Die größten Diskrepanzen entstehen naheliegenderweise beim Aufeinandertreffen von »Elternerwartungen, zweiter Teil = *geliebt werden wollen*« und »von Kindern benötigte Elternrolle, zweiter Teil = *Trainingspartner sein*«. Dies wäre vielleicht kein Problem, wenn es sich um Tennisunterricht oder einen Skikurs handelte, denn dann besteht ja die Möglichkeit, sich in den Trainer zu verlieben. Wenn aber Gegenstand des Trainings nicht zuletzt die aggressiven Bestrebungen sind, wird die Sache prekär. Und genau das geschieht im Falle des Trainings zwischen Kindern und Eltern recht häufig. Um im Bild zu bleiben: Die Erwachsenen (gemeint sind in erster Linie jene Eltern, die der »Bloß kein

Streit«-Ideologie folgen) erwarten eine zärtliche Schmuse-
stunde, die Heranwachsenden aber sind auf einen Box-
kampf aus, bei dem sie kräftig austeilen lernen wollen. Das
Dilemma ist offensichtlich: Wie können ein »kohäsiver«
und ein »agonaler« Interaktionsmodus (zur Definition
siehe Seite 77) dauerhaft unter einen Hut gebracht werden?

Im Grunde haben wir im bisherigen Argumentations-
gang immer wieder verschiedene Aspekte und Erscheinungsformen dieser existentiellen Diskrepanz durchge-
spielt. Jetzt kommt es darauf an, sie systematisch zusam-
menzufassen und nach Chancen für die Bewältigung des
Problems zu suchen.

Eines zuallererst: In dieser schwierigen Lage kann es
nur dann zu einem fruchtbaren Ausgleich kommen, wenn
einer partiell nachgibt, das heißt seine Erwartungen und
Interessen reduziert. Und da die beiden Partner nicht
gleich stark sind, kann das nach Lage der Dinge nur die
Seite sein, die über die größeren Machtmittel verfügt: die
Eltern. Sie sollen ihre Machtmittel nicht etwa aufgeben
und sich in eine fragwürdige Illusion von vermeintlicher
Gleichberechtigung flüchten – aber sie müssen darauf verzichten, sie unreflektiert und ungehemmt einzusetzen, um
die Situation dominieren zu können. Wo sie dominieren,
tun sie das auch im Interesse der Kinder, denn sie sind
sozusagen die Treuhandverwaltung für deren Lebensbe-
dürfnisse. In aller Regel sind Eltern, zumindest hier und
heute, zu einer solchen Vorleistung bei der Umorientie-
rung des eigenen Lebens auch grundsätzlich bereit – je-

denfalls in der Theorie. In der Praxis sieht vieles ganz anders aus.

Gerade bei der praktischen Bewältigung dieses Grundproblems zeigt sich, wieviel den Eltern seelisch abgefordert wird: Obwohl sie übermächtig sind, sollen sie anerkennen, daß die Interessen der Kinder wichtiger sind als ihre eigenen Erwartungen und Hoffnungen. Die Interessen von Eltern und Kindern sind verschiedenartig, und die daraus resultierenden Konflikte sollen nicht übertüncht werden; andererseits müssen, wenn diese Interessen gegeneinander abgewogen und ein Ausgleich, ein Kompromiß versucht werden soll, andere Methoden angewandt werden, als wenn Erwachsene miteinander verhandeln und feilschen. Das Interesse des Kindes an einer lebenswerten Zukunft und das Interesse der Eltern an einem möglichst hohen Einkommen liegen auf verschiedenen Ebenen, sie sind von unterschiedlicher existentieller Dringlichkeit und können deshalb nur sehr bedingt miteinander verglichen werden. Das gilt es bei oder noch besser *vor* jeder Interessenabwägung zu beherzigen. Eltern müssen sich genau deshalb stets »ein Stück zurücknehmen« und eine Haltung bewahren können, die bei allen möglichen Verstrickungen und Kämpfen immer noch Distanz wahrt. So viel Distanz jedenfalls, daß die Erwachsenen es zulassen können, wenn das aktive Handeln der Kinder immer wieder die Oberhand gewinnt über die passiven emotionalen elterlichen Bedürfnisse.

Wem diese letzten beiden Sätze zu theoretisch und geschraubt sind, für den hier noch einmal eine drastisch-plastische Version: Eltern müssen darauf verzichten können, sich mit verwöhnenden Zugeständnissen eine vermeintlich dauerhafte Liebe ihrer Kinder zu erkaufen. Es mag nicht leicht zu ertragen sein, wenn Kinder deshalb emotional gegen die Eltern aufbegehren, aber gerade das werden beide Seiten lernen müssen: die Kinder das Aufbegehren – und die Eltern das Akzeptieren dieses Aufbegehrens. Und obwohl die Eltern, nachdem sie ihre Kinder so lange gefüttert haben, die Erwartung hegen, im Gegenzug selbst von ihren Kindern emotional »gefüttert« zu werden, müssen sie gestatten können, daß sich die Kinder dieser Erwartung des öfteren verweigern – ein wichtiger und unabdingbarer letzter Schritt bei der Lösung aus der kindlichen Abhängigkeit.

Es ist wichtig, sich eines klarzumachen: Bei den Kindern steht am Ende eines geglückten Selbstfindungs- und Ablösungsprozesses als Siegespreis die Selbständigkeit: die Möglichkeit, das Leben aus eigener Kraft zu meistern. Auf seiten der Eltern hingegen gibt es keinen »Lohn«, keine »Prämie« für dieses Verhalten – außer dem Glücksgefühl, das darin liegt, die eigenen Kinder zu selbständigen und souveränen Persönlichkeiten heranwachsen zu sehen, die in der Lage sind, die Schwierigkeiten des Lebens zu bewältigen, *ohne* dabei auf die Eltern angewiesen zu sein. Eltern, die sich damit bescheiden können, besitzen eine der wichtigsten Qualitäten, um »gut genug« für die Erziehung von Kindern zu sein; Eltern, die »besser« sein wollen, die sich nicht damit abfinden können, im Wechsel der Generationen irgendwann überflüssig zu sein, werden vermutlich vieles schlechter machen.

Aber damit Eltern in diesem Sinn »gut genug« sind, müssen sie auch »böse« sein können. Das scheinbare Paradox ist in Wahrheit nichts anderes als eine konsequente Umsetzung von *Die Elternrolle, zweiter Teil,* nämlich der Funktion des Sparringspartners. Bei einem solchen Partner, gegen den man im spielerischen Sinne kämpft – also zum Trainingszweck, nicht als Ernstfall –, ist es möglich, ja sogar erlaubt, auch Fehler zu machen – Fehler, die man »draußen«, in der »freien Wildbahn«, besser vermeidet, weil sie schwerwiegende Folgen haben, möglicherweise sogar tödlich sind. Das Vermeiden solcher Fehler gelingt dann am besten, wenn man sie im Training hat praktisch erproben, mit ihnen unmittelbar sinnfällige Erfahrungen hat sammeln können.

Für ein solches Training sind klare Regeln unabdingbar. So muß beispielsweise zwischen erlaubten und verbotenen Mitteln (»Fouls«) deutlich unterschieden werden – und es muß klar sein, wer das Training nötig hat und wer sich dafür zur Verfügung stellt (die Situation der beiden Partner ist *nicht* identisch). Läuft alles im großen und ganzen regelkonform ab, dann bleiben die Knüffe und Püffe im Rahmen – Tiefschläge werden nur vereinzelt und eher selten vorkommen (und, wenn sie es doch tun, als Sonderfall empfunden werden und möglicherweise Sanktionen zur Folge haben). Unter solchen Umständen kann der Trainierende sicher sein, daß er für seine Erfolge gelobt und geachtet wird und zugleich die nötige Unterstützung erhält – er bleibt Mitglied des Vereins, in dem man ihm mit Zuneigung und Wohlwollen begegnet, ohne ihm zu verhehlen, daß er eines Tages sein Schicksal wird in die eigenen Hände nehmen müssen. Es ist, um das Bild zu Ende zu führen, nicht möglich, lebenslang Mitglied in diesem Sportclub zu sein – jeder muß irgendwann draußen sein eigenes Spiel machen, sich vielleicht anderswo einer neuen Mannschaft anschließen.

In das Bild des Trainingspartners, der zu Anfang an Kräften und Erfahrung deutlich überlegen war, muß der Vollständigkeit halber also noch die zeitliche Befristung eingeführt werden. Je stärker der Mensch wird, der hier trainiert, desto deutlicher wird klar, daß irgendwann der Gong zur letzten Runde schlägt. »Es ist jetzt gut, du bist fit genug«, sagt der Trainer, der zugleich Ringrichter ist. »Jetzt kannst du gehen und anderswo weitermachen, bei mir gibt es nichts mehr zu lernen. Aber schreib mir doch ab und zu eine Karte, und wenn du willst, kannst du auch auf eine Tasse Tee vorbeikommen. Ich freue mich immer, von dir zu hören und zu erfahren, wie es dir geht – für deine sportliche Karriere wünsche ich dir alles Gute. Nur das mit dem gemeinsamen Training, das ist jetzt vorbei. Für immer.«

Und falls alles im großen und ganzen gut gelaufen ist, kann der Trainer jetzt ein schiefes Lächeln aufsetzen. Vielleicht spielt er auch ein wenig verlegen mit seiner Mütze, wenn er, die Stimme etwas gedämpft, noch anfügt: »Im übrigen war es eine gute Zeit mit dir. Wir haben uns oft ganz schön gekeilt, aber du hast viel gelernt, und wir haben zusammen auch eine Menge Spaß gehabt. Und außerdem: Ich habe selber eine Menge dazugelernt …«

Und falls *wirklich* alles im großen und ganzen gut gelaufen ist, grinst sein Gegenüber zustimmend und antwortet: »Hast recht, Alter.«

* * *

Oft geht es jedoch ganz anders zu. Vielen Eltern wird das Bild vom »Sportverein Familie« zu rauh sein, zu kampfbetont – sie vermissen weiche Züge und sanfte Töne. In meinem Modell ist die zweite Dimension der Eltern-Kind-Beziehung, die Nährstoffbasis, für »emotionales Futter« (= Liebe) zuständig. Trotzdem werden sich manche Eltern lieber an anderen Vorstellungen orientieren. Sie sagen beispielsweise: »Ich möchte der beste Freund meines Kindes sein.« In diesem Wunsch nach einem harmonischen Miteinander, nach Freundschaft mit dem Kind verbirgt sich auch eine Flucht aus der Verantwortung – ein Ausweichen vor der Elternrolle und den ihr innewohnenden Konflikten. Eltern sind Eltern und keine Freunde. Andererseits sind echte Freunde überaus wichtig – so wichtig, daß ihre Rolle keinesfalls von Eltern usurpiert werden sollte, die zur Selbstüberschätzung neigen und möglicherweise selbst Schwierigkeiten damit hatten (oder haben), erwachsen zu werden. »Wenn die Eltern ihre Kinder wie Freunde behandeln und nicht wie junge Menschen, die noch nicht auf eigenen Beinen stehen, hoffen sie zum einen, daß aus ihrem Kind ein überaus kreativer Mensch wird. Zum anderen meinen sie, ihr Kind werde es zu schätzen wissen, wie verständnisvoll und hilfreich sie sind, und sie daher für immer und bedingungslos lieben. Sie glauben, daß sie nur so weder die Liebe des Objektes noch das Objekt selbst verlieren.«[116]

Genau das ist der Irrtum: Freunde gehen – wie Geschwister – gemeinsam durch das Leben und durch die Zeit; ihre Beziehung ist »synchronisiert«, die Nähe und der Abstand zwischen ihnen ändert sich nicht und wenn doch, so ist dieser Wandel jedenfalls nicht dem Ablauf der Zeit geschuldet. Eltern und Kinder hingegen *sind dafür geschaffen, sich auseinanderzuentwickeln,* die Bindung zwischen ihnen soll und muß sich mit der Zeit verändern.

Für eine beide Seiten befriedigende Eltern-Kind-Beziehung sind die folgenden »Trainingsregeln« von ganz besonderer Bedeutung:

- Ausgangspunkt ist das Akzeptieren eines *unausweichlichen,* weil in der Sache selbst begründeten *Generationenkonflikts,* der sich nicht etwa mit ein wenig gutem Willen vermeiden läßt (»Die Lösung ist: Es gibt keine Lösung.« Soll heißen: Der Konflikt ist eben einfach da – und damit basta!).

- *»Streit muß sein«* – negative Gefühle sind notwendige Ingredienzen, ja geradezu die »Würze des Lebens«; sie sind die unvermeidliche Begleiterscheinung, wo immer Konflikte auftreten. Wenn wir sie verdrängen, beherrschen sie uns hinterrücks; weit besser ist es, sie zu akzeptieren und sie damit jedenfalls stückweise und tendenziell unter Kontrolle zu bringen.

- Grenzen werden durch Übertreten erkannt. Weniger die Grenze an sich ist wichtig, sondern vielmehr *der Kampf um die Grenze*. Allerdings darf die Übertretung nicht folgenlos bleiben – ein klärendes Gespräch ist das mindeste, was danach ansteht. Es wird jedoch unbefriedigend verlaufen, wenn es nicht von wechselseitigem Respekt geprägt ist.
- *So wenige Verbote wie nötig,* diese aber *so konsequent wie möglich* gehandhabt. Sanktionen müssen sein, Strafen nicht* – und eine Sanktion sollte auf die Möglichkeit hinführen, es beim nächsten Mal anders und damit besser zu machen. Demütigungen und das Bekräftigen der eigenen Machtposition »aus Prinzip« (»Weil ich es sage!«) erschweren diesen Effekt ungemein. Genauso kontraproduktiv ist der Versuch, die unterschiedlichen Positionen, Rechte und Interessen zu verwischen (»Laß uns wieder Freunde sein ...!«).
- Kinder können und sollen durch das, was sie selber beitragen können, *in das System Familie eingebunden* werden. Dazu gehören auch praktische Aufgaben und Pflichten. »Intellektuelle, sportliche und musische Fähigkeiten werden bei unseren Mittelschichtkindern stark gefördert, während anderes auf der

---

* Ein Beispiel mag den Unterschied zwischen Strafe und Sanktion verdeutlichen: Eine Strafe wäre es, wenn ich Alexander sein Taschengeld kürze, weil er wieder einmal ohne Helm mit dem Fahrrad zum Fußballtraining gefahren ist. Eine Sanktion besteht darin, daß ich das nächste Mal mit ihm zur Garage gehe und darauf achte, daß er auch wirklich den Helm aufsetzt.

Strecke bleibt, nämlich die ›elementaren‹ Aufgaben, die dem Kind das Gefühl geben, etwas unmittelbar Wichtiges zu leisten, wie zum Beispiel, eine einfache Mahlzeit für die Familie zuzubereiten, beim Wäschewaschen zu helfen oder den kleinen Geschwistern beizubringen, wie man sich die Schuhe bindet.«[117]

- *Konflikte und ihre Bewältigung* sind kein Tabu, sondern *Gesprächsgegenstand* – und zwar gerade dann, wenn das Krisenmanagement alles andere als eine Meisterleistung gewesen ist. Jeder hat das Recht auf Fehler, aber auch die Pflicht, über sie zu sprechen – das gilt für alle, auch für die Eltern. Einem Vater bricht kein Zacken aus der Krone, wenn er seine Kinder für einen Wutanfall um Entschuldigung bittet, und es trägt sehr zum gegenseitigen Verständnis bei, wenn er dabei zu erklären versucht, *was* ihn eigentlich so aus der Haut hat fahren lassen. Kinder sind begierig, von diesen Dingen zu hören, und sie verstehen die Motive der Erwachsenen meist sehr viel besser, als viele Eltern glauben.

- Der in manchen Erziehungsratgebern noch zu findende Hinweis, Eltern sollten möglichst wenig Gefühle zeigen – so steht das insbesondere in den immer noch weitverbreiteten Büchern der Dreikurs-Schule[118] –, ist schlicht und ergreifend Blödsinn. Gerade daß Eltern ihre *Emotionalität nicht verbergen, sondern offenbaren* – auch, wenn sie sich damit als verletzlich und unvollkommen zeigen –, liefert die Basis für einen gelingenden, sich immer wieder neu bestärkenden Identifikationsprozeß, wie er oben geschildert worden ist.

- Eltern sollen ihre Aussagen nach Möglichkeit als Ich-Botschaften formulieren – als Sätze, die *das Verhalten des Kindes, nicht aber seine Person bewerten.* Also bitte stets: »*Ich* halte es nicht mehr aus, wenn du so weitermachst!« – und nicht etwa: »*Du* bist aber gar nicht mehr lieb, du bist ja richtig böse zu deinen Eltern!« und so fort. Eltern meiner Generation werden sich wohl noch mit Schrecken an Sätze erinnern wie: »So bist du nicht mehr mein braver Kleiner.« Solche Äußerungen sind immer kontraproduktiv.

- *Der Person des Kindes gilt,* so kritikwürdig sein Tun und Lassen auch sein mag, eine Einstellung, die man mit dem amerikanischen Gesprächs-Psychotherapeuten Carl R. Rogers[119] als »*nicht an Bedingungen geknüpfte Wertschätzung*« bezeichnen kann.

- Im Gegensatz dazu werden *dem Verhalten des Kindes klare Grenzen gesetzt,* deren Mißachtung Konsequenzen hat. Die einfachste Konsequenz ist es, zu zeigen, daß die Übertretung bemerkt worden ist: der Kommentar. Andere Konsequenzen sind möglich, es sollten aber zunächst Sanktionen und erst im Extremfall Strafen sein. Das Kind darf auf diese elterliche Reaktion seinerseits mit Wut reagieren. Es darf sogar etwas tun, was die Eltern nach Möglichkeit vermeiden sollten: seine Wertschätzung für die Eltern (auch Liebe genannt) an Bedingungen knüpfen (»Wenn ihr sooo seid, dann gehe ich weg und komme nicht mehr wieder ...«). Es wird damit halb im Spiel, halb im Ernst seine Erfahrungen sammeln – und das Interesse daran verlieren, wenn es erkennt, daß es die Eltern so nicht umstimmen kann.

Das wichtigste an alledem ist, daß (siehe S. 158 ff.), nie der Kontaktfaden reißt (was den beleidigten Rückzug ins eigene Zimmer nicht ausschließt). Humor ist dabei eine gute Hilfe, auch um zu vermeiden, daß Konflikte sich bis zum Äußersten zuspitzen. Humor *deeskaliert*. Eltern, die fähig sind, über sich selber zu lachen, haben es wesentlich leichter. Selbsthumor bedeutet aber nicht, den Hanswurst zu spielen. Kinder haben ein sehr feines Unterscheidungsvermögen.

Für diese Sensibilität kenne ich viele Beispiele. Dominik war keine sieben Jahre alt, als ich ihm beim Abendessen eine lustige Geschichte erzählte. Er lachte so heftig, daß ihm die Tränen über die Wangen liefen, dann sagte er seufzend:

»Das war aber ein guter Witz, Papa!«

»Ich mache nur gute Witze«, erwiderte ich albern.

Dominik: »Und das war ein schlechter Witz.«

* * *

Was ich hier an einigen Beispielen erläutert habe, läuft schlußendlich auf den sogenannten autoritativen Erziehungsstil hinaus (zum Unterschied vom autoritären wie vom permissiven Gehabe, die beide den Bedürfnissen des

Kindes nicht gerecht werden, sondern letztlich in unterschiedlicher Weise die elterliche Vormacht festschreiben – selbst wenn dies in Form vermeintlicher, aber letztlich ja selbstverschuldeter Ohnmacht geschieht). »So gegensätzlich der permissive und der autoritäre Erziehungsstil in vielem sind – beide begünstigen bei Kindern ähnliche psychische und Verhaltensmuster, die geprägt sind von geringer Selbstkontrolle und schwachem sozialem Verantwortungsbewußtsein. Denn bei keinem von ihnen erfahren die Kinder die für ihre Entwicklung günstige Atmosphäre aus realistischen Erwartungen an sie und strukturierter Hilfestellung durch die Umwelt.« Autoritativer Stil hingegen bedeutet »Vorgabe konsistenter Regeln und fester Grenzen, aber auch Ermutigung zur offenen Diskussion, eine klare Kommunikation mit Begründung der Regeln, sofern dies gerechtfertigt ist. Ein permissiver Erziehungsstil meidet hingegen Vorschriften grundsätzlich; und beim autoritären erscheinen die Regeln willkürlich; das Kind erfährt nur, daß die Eltern dies so wollen ...«[120]

Wer es mit einem unübersichtlichen Stoff zu tun hat, neigt bisweilen dazu, sich in griffige Formulierungen zu flüchten. Mir geht es auch so, und so wollte ich dieses Kapitel gerne mit einem kernigen Satz über drei Qualitäten beenden, die den autoritativen Erziehungsstil kennzeichnen – und nach heftigem Nachdenken sind mir drei Begriffe eingefallen, die allesamt mit dem Konsonanten K beginnen, was den Merkwert erheblich steigert. Fassen wir also die Essenz des Kapitels als *»die drei K«* zusammen: Autoritative Erziehung zeichnet sich aus durch eine Mischung von *Konstanz* und *Konsequenz*, der als dritte Qualität die *Klarheit* zur Seite steht. Das bedeutet: Regeln – es sollten möglichst wenige sein – werden beibehalten und nicht ständig aufgehoben oder ersetzt, ihre Übertretung hat Folgen (das gilt auch für die Eltern!), und über diesen Prozeß der Regelung des Zusammenlebens – der ja Menschenwerk ist, nicht göttliche Fügung oder ehernes Naturgesetz – kann jederzeit diskutiert werden. Die Eltern begründen ihre Meinung, hören sich die Einwände der Kinder an, prüfen sie und akzeptieren sie gegebenenfalls. Wahrscheinlich empfiehlt es sich, den Vorschlägen der Kinder hin und wieder zumindest probehalber zu folgen, auch wenn die Begründung nicht völlig stichhaltig ist (sie sollte vielleicht nur »gut genug« sein ...), denn es ist wichtig, daß die Kinder erleben, daß sie mit ihrer Argumentation tatsächlich etwas erreichen können: Letztlich ist nur das und nichts anderes der Beweis dafür, daß sie von ihren Eltern wirklich ernst genommen werden.

Als meine beiden Söhne vor einiger Zeit – sie waren damals acht und elf Jahre alt – aus Anlaß einer Auslandsreise meiner Frau ein Wochenende vorschlugen, an dem sie rund um die Uhr bestimmen könnten, was zu tun sei, und ich überhaupt nichts zu sagen hätte, setzten wir uns zusammen und einigten uns über die Rahmenbedingungen: der Geldbetrag, der ihnen für das Wochenende zur Verfügung gestellt werden sollte, die Maximalzeit, die Fernseher und Computer in Betrieb sein durften und so weiter. Die Einigung »am runden Tisch« klappte sehr viel schneller, als ich erwartet hatte. Auch das Wochenende selbst ging nahezu völlig ohne Probleme über die Bühne. Die beiden Brüder hatten sogar erheblich weniger Streit miteinander, als ich – meine größte Sorge – befürchtet hatte. Das gemeinsame Projekt stiftete offensichtlich eine Verbundenheit, die stärker war als die sonst übliche Konkurrenz. Beim Einkaufen wurde ich eigentlich nur gebraucht, um die schweren 1,5-Liter-Colaflaschen zu schleppen; ansonsten war ich angenehm überrascht, wie klug und umsichtig sie zu Werke gingen (am Sonntagabend war, trotz Kinobesuch, das Geldbudget keineswegs völlig aufgebraucht). Im Grunde bestätigte sich – wieder einmal – eine Erfahrung, die ich mit meinen Kindern schon des öfteren machen durfte und für die ich ihnen zutiefst dankbar bin: Manchmal war und ist es offensichtlich nötig, miteinander zu streiten, daß die Fetzen fliegen – aber wenn es wirklich ernst wurde, wenn unsere Familie vor größeren Problemen stand (beispielsweise durch Krankheit), dann haben meine Frau und ich uns bislang noch immer hundertprozentig auf sie verlassen können.

Und wir sind zuversichtlich, daß das so bleibt.

Ich bin ziemlich sicher, daß dies auch daran liegt, daß ich mich selbst mit all meinen Unzulänglichkeiten – meiner Ungeduld, meiner Abneigung gegen Albernheiten und tausend anderen Unarten – immer an einigen wenigen Prinzipien orientiert habe, von denen ich zum Abschluß dieses Kapitels eines zitieren will.

Rund ein halbes Jahrhundert vor Sigmund Freud und

der Entstehung der Psychoanalyse schrieb der Philosoph
Arthur Schopenhauer:

>>Mit jeder menschlichen Thorheit, Fehler, Laster
sollten wir Nachsicht haben, bedenkend, daß das,
was wir da vor uns haben, eben nur unsere eigenen Thorheiten, Fehler und Laster sind: denn es
sind eben die Fehler der Menschheit, welcher
auch wir angehören und sonach ihre sämtlichen
Fehler an uns haben, also auch die, über welche
wir eben jetzt uns entrüsten, bloß weil sie nicht
gerade jetzt bei uns hervortreten: sie sind nämlich nicht bloß auf der Oberfläche, aber sie liegen
unten auf dem Grund und werden beim ersten
Anlaß heraufkommen und sich zeigen, eben so
wie wir sie jetzt am Andern sehn ...«[121]

7

Die besten Freunde eines Kindes

In Nanni Morettis von der Kritik enthusiastisch gelobtem Episodenfilm *Liebes Tagebuch* (*Caro diario,* 1993) wird von der Liparischen Insel Salina berichtet. Dort müssen sich Menschen, die einen der erwachsenen Inselbewohner am Telefon sprechen wollen, in äußerster Geduld üben, falls das Kind der angerufenen Person den Hörer aufnimmt – der Film schildert ausführlich, wie das liebe Kleine erst einmal hören will, wie ein Hund bellt, die Nachahmung einer miauenden Katze, einer röhrenden Giraffe verlangt – und so fort. Eine harte Bewährungsprobe. Regisseur Moretti läßt einen der Anrufer auf die Knie sinken: »Um Himmels willen, Marco, bitte verbinde mich jetzt endlich mit deinem Vater ...« Auf Salina, so suggeriert der Film, gibt es nur Einzelkinder, und die werden über Gebühr verwöhnt.

Diese Groteske ist möglicherweise recht zukunftsträchtig. Im volkreichsten Staat der Erde, in China, vollzieht sich immer noch ein beachtenswertes, wenngleich höchst fragwürdiges Experiment: Durch die »Ein-Kind«-Politik, mit der die Regierung versucht, das Bevölkerungswachstum zu stoppen, wird gleichsam von Amts wegen die Existenz von Geschwistern verboten – denn nichts anderes bedeutet die per Strafandrohung weitgehend durchgesetzte Beschränkung aller Eltern auf ein Einzelkind. Auch wenn eine Lockerung der Maßnahme diskutiert wird, noch ist sie in Kraft (und bei einem Vergleich mit der Situation im Nachbarland Indien lassen sich dafür auch etliche gute Gründe anführen). Irgendwann im 21. Jahrhundert, so steht zu erwarten, wird es in China – von einigen wenigen Ausnahmen abgesehen – nur noch Kinder geben, die als Einzelkind aufgewachsen sind. Die psychischen Folgen dieser Entwicklung sind derzeit noch nicht absehbar.

Der Anthropologe Frank Robert Vivelo schreibt: »Es ist keine menschliche Gesellschaft bekannt geworden, in der Mutter und Kind als solche eine separate Einheit bilden. Die Mutter-Kind-Einheit ist immer Teil einer größeren Gruppe.«[122] Rückblickend ist das gewiß richtig, schon in der nahen Zukunft scheint es aber anders zu kommen – in China und andernorts: Die Ein-Kind-Familie ist auch in Deutschland auf dem Vormarsch – Geschwisterlichkeit als Auslaufmodell?

Hier die aktuellen Zahlen für die Bundesrepublik Deutschland: Von aufgerundet 37 Millionen Haushalten sind etwas mehr als 13 Millionen solche mit Kindern – eine klare Minderheit. Und in dieser Minderheit wiederum sind die Ein-Kind-Familien mit fast 51 Prozent – Tendenz steigend – in der Mehrheit. Ebenfalls steigend ist die Zahl der Alleinerziehenden, weit überwiegend Frauen: Im Deutschland des Jahres 2000 gab es fast 700 000 alleinerziehende Mütter mit einem Einzelkind.

* * *

Das Thema »Geschwisterlichkeit« hat viele Facetten: Man müsse jetzt endlich Abschied nehmen von der Wohngemeinschaftskultur früherer Jahre, rief Bundesaußenminister Joseph Fischer seiner grünen Partei Anfang 1999 zu, kurz bevor er die Bundesrepublik Deutschland in den ersten Krieg ihrer fünfzigjährigen Geschichte führte, in den Nato-Luftkrieg gegen Serbien. Ein Jahr nach diesem Appell betrachteten Millionen Deutsche, vor allem Jugendliche, Abend für Abend angespannt das eher ereignisarme Alltagsleben einer Art Zwangswohngemeinschaft, wie es ihnen aus dem Kölner »Big-Brother«-Container von RTL II auf den häuslichen Bildschirm serviert wurde ...

Das Wohnen in der Gemeinschaft, so könnte gefolgert werden, mag einerseits altbacken-miefig erscheinen – andererseits hat es immer noch seinen eigenen (von den Medien raffiniert ausgeschlachteten) Reiz. Warum? Wohngemeinschaften sind – wie Schulklassen, Jugendbanden, Selbsthilfegruppen und ähnliche Gesellungsformen – ein Beispiel für das, was Soziologen das »horizontale Beziehungsmuster« nennen. Dieses Beziehungsmuster läßt sich als »Gemeinsamkeit in der Zeit« charakterisieren. Bildhaft gesagt: Einige Menschen, meist etwa gleichen Alters, besteigen – freiwillig oder von den Lebensumständen gezwungen – ein Boot, in dem sie sich gemeinsam auf dem

Fluß der Zeit dahintreiben lassen. Diese Fahrt kennt nur eine Richtung: Der Mensch sei in der Zeit wie ein Schwimmer, der das Wasser nicht verlassen darf, hat der Psychologe und Dichter Manès Sperber geschrieben: Schon deshalb wird er einmal darin ertrinken müssen.

Horizontalität – als gemeinsame, sozusagen synchronisierte Lebensgestaltung einer Gruppe von Gleichaltrigen – kann offenbar gute Dienste leisten, wenn es darum geht, Ohnmachts- und Insuffizienzgefühlen zu widerstehen und das Leben erträglicher zu machen: »Allein machen sie dich ein.« Um im Bild zu bleiben: Das Leben ist mitunter ein langer, aber meist kein ruhiger Fluß; es ist ein gefährlicher Strom mit Sandbänken, Klippen und Stromschnellen – mehrere Menschen in einem gemeinsamen Boot meistern solche Gefahren besser als ein Einzelkämpfer, sei er auch noch so geschickt. Sie haben bessere Chancen und größeren Spielraum, wenn es darum geht, miteinander zu kooperieren: Während das vertikale Beziehungsmuster, also das Verhältnis zu jenen, die älter und jünger sind, stets von jenem Machtgefälle geprägt bleibt, das auch Thema dieses Buches ist, erleichtert Gleichaltrigkeit offensichtlich die Entstehung von Solidarität. Es sind Umgangsformen möglich, die der Generationenkonflikt mit seinen immanenten Interessengegensätzen niemals gestattet. Trotz aller Versuche des Außenministers, seiner eigenen Vergangenheit Herr zu werden: Wohngemeinschaften helfen auch heute noch vielen jungen Menschen, eine eher konturlose Epoche ihres Lebens, nämlich das von Anonymität und Leistungsdruck geprägte Studium, besser bewältigen zu können.

Und schon vor tausend Jahren, im europäischen Mittelalter, haben die Bruderschaften, Ordensgesellschaften und Konventikel aller Art es vielen Menschen erleichtert, den Härten der damaligen Zeit entgegenzutreten.

Solidarität und Brüderlichkeit gehen somit ineinander über, verschwimmen in Grenzbereichen miteinander – und das seit eh und je. Eine der wichtigsten und ältesten Spielarten des horizontalen Beziehungsmusters, wenn auch keine freiwillige, ist die Geschwisterbeziehung. Dabei muß es sich nicht unbedingt um eine genetische Verwandtschaft handeln – in vielen Stammesgesellschaften leben gleichaltrige Kinder geschwisterlich zusammen, ohne von denselben Eltern abzustammen. Auch die berühmten »rites de passage«, die der Belgier Arnold van Gennep 1908 erstmals unter diesem Begriff beschrieb,[123] die *Initiationsriten,* die dem Individuum seinen sozialen Ort zuweisen, sind meist altersklassenbezogen. Wie die Kulturanthropologie lehrt, ist die Beziehung zu den Geschwistern im engeren (genetischen), aber auch im weiteren (sozialen) Sinn oft – jedenfalls ab einem Mindestalter – wichtiger und bedeutender als die zu den Eltern. Bei den Mandinka im Senegal – um nur ein Beispiel zu nennen – registrierten die beobachtenden Ethnologen, daß 58 Prozent aller Betreuungsaktivitäten von älteren Geschwistern (»child nurses«) vollzogen wurden – nur 20 Prozent von den leiblichen Müttern. Deutlicher läßt sich nicht unterstreichen, wie wichtig die Geschwisterlichkeit, aber auch andere Beziehungsmuster im »horizontalen Feld« wie die Solidarität in der Alters- oder Jahrgangsklasse für die kindliche Entwicklung sind. Es ist ein Mißverständnis, das erhebliche Konsequenzen nach sich ziehen wird, wenn die Gegenwartsgesellschaft nur noch die Eltern beziehungsweise staatliche Institutionen (Kindergarten, Schule) als »Sozialisationsagenten« gelten läßt. Sozialisation empfängt ganz entscheidende Beiträge im horizontalen Beziehungsfeld – vorausgesetzt, die Gemeinschaft sorgt für den entsprechenden Spielraum.

* * *

Wo Licht ist, ist auch Schatten. Zumindest in ihrer genetischen/familiären Form stellt Geschwisterlichkeit eine Zwangsgemeinschaft dar, und als solche hat sie auch ihre düsteren Seiten. Es besteht kein Anlaß, diese zu relativieren, wie es in einigen neueren Publikationen geschieht.[124]

Schon im Tierreich kommen die dunklen Dimensionen der Geschwisterlichkeit, vor allem die bisweilen unerbittliche Konkurrenz, für den bewertenden menschlichen Beobachter sehr deutlich zum Ausdruck: Beim Galapagos-Seebären (Arctocephalus galapagoensis) wird eine zu nahe Aufeinanderfolge von Nachkommen durch Geschwistermord verhindert. Die Weibchen dieser Art bringen jährlich meist einzelne Junge zur Welt, von denen viele bald nach der Geburt sterben. Sind sie aber ein Jahr alt und die Mutter gebiert wieder, treiben sie den Neuankömmling von der Mutter weg oder töten ihn sogar – die Mutter greift nicht ein. Ganz anders aber, wenn ein weiteres Jahr später wieder ein Junges geboren wird – dieses wird dann von der Mutter gegen alle Übergriffe energisch geschützt.

Im Tierreich kann es also tödlich sein, auf einen falschen Platz in der Geschwisterreihe zu geraten. Und nicht nur im Tierreich: »Daß Frauen in nomadischen Jägerstämmen, die ihre Kinder zwei, drei Jahre lang dauernd mit sich herumtragen müssen, in dieser Zeit kein weiteres brauchen und, sollte doch eines kommen, es ›wegwerfen‹, wie die Buschfrauen sagen, läßt sich als bittere Notwendigkeit begreifen«, so die Ethnologin Imogen Seger – wobei sich diese Bitterkeit wohl erst aus ihrer eigenen, humanistischen Perspektive ergibt. Der Infantizid, sozusagen die Einlaßkontrolle zur Mutterbindung, war jahrtausendelang eine durchaus geläufige Erscheinung. Freilich wurde er unter uns Menschen so gut wie nie an die Geschwister delegiert, wie es bei den Ohrenrobben der Fall ist. Die Gründe dafür dürften weniger in allgemeiner Humanität und Menschenliebe zu suchen sein, sondern eher in der Betonung der elterlichen Autorität innerhalb des Familienverbandes, an der nicht gerüttelt werden darf. Der Verband, der »Haushalt«, war in erster Linie Versorgungsgemeinschaft, jenseits aller familiären Ideologie. So war über Jahrtausende hinweg das Verhältnis der Eltern zu ihren Nachkommen keineswegs frei von offener Aggressivität, und das spiegelt sich in den Beziehungen der Nachkommen untereinander wider, also unter den Geschwistern.

Eine solche aggressive Grundstimmung schafft sich natürlich erst recht Raum, sobald die Stellung innerhalb der Geschwisterreihe auch Rechtsansprüche begründet, und das ist seit der Seßhaftwerdung, mit der Erfindung von Ackerbau und Viehzucht der Fall (ein Vorgang, der –

etwas verkürzt – auch als neolithische Revolution bezeichnet wird). Auf der Stufe der Wildbeuter- oder Jagd- und Sammelkulturen besaßen die sogenannten Altersklassen wie auch andere Peer-groups – oft durch gemeinsame Initiationsriten zusammengeschweißt – noch meist erheblich größere Bedeutung als die Geschwisterlichkeit, unter der wiederum die uterine gewöhnlich deutlich mehr zählt, da die Abstammung von einem gemeinsamen Vater keineswegs immer eindeutig ist. Frank Robert Vivelo schreibt:

»Wenn Gruppen von Menschen beginnen, ihre Zeit und Energie in die Produktion eines Gutes zu investieren, beginnen sie auch, ein Eigentumsrecht an den Produkten ihrer Arbeit zu beanspruchen. Feldfrüchte sind ein solches Gut, und da der Anbau von Feldfrüchten normalerweise die Zusammenarbeit mehrerer Personen voraussetzt, beanspruchen diese Menschen gemeinsame Rechte an den Feldfrüchten und an dem Land, das sie bearbeitet haben, um diese Feldfrüchte hervorzubringen. Eine relativ einfache und weitverbreitete Art, eine solche Gruppe zu strukturieren, beruht auf der Verwandtschaft ... Aus diesem Grund sind die Gesellschaften mit niederem Bodenbau im Gegensatz zu den meisten Wildbeuter-Gesellschaften durch das Vorhandensein von relativ stabilen Deszendenz- oder Verwandtschaftsgruppen als wesentlichen

Elementen ihrer Sozialorganisation gekennzeichnet.«[125]

Um den Besitz, insbesondere den Landbesitz, nicht unter
eine kritische Größe absinken zu lassen, wird er in den
meisten Kulturen nicht zu gleichen Teilen unter den Nachkommen aufgeteilt – fast überall erhält ein Kind den Löwenanteil oder alles: meist der älteste oder aber, auch das
gibt es, der jüngste Sohn.

Die erst auf dieser Kulturstufe einsetzende schriftliche
Überlieferung ist, wo sie Geschwisterbeziehungen schil-
dert, prall gefüllt mit Streit, Mord und Totschlag. In der bi-
blischen Überlieferung ist das erste Schwerverbrechen die
Tötung des Abel durch Kain, der bezeichnenderweise als
Ackerbauer geschildert wird. Das Drama findet »jenseits
von Eden« statt; John Steinbeck, Autor des gleichnamigen
Romans, hat es »die älteste Geschichte der Welt« genannt.
Allerdings ging dem Brudermord die Ablehnung des einen
Sohnes durch Gottvater voran: »Auf Kain und sein Opfer
sah er nicht.« Und zwar ohne Begründung – woran sich
Generationen von Theologen die Zähne ausgebissen haben. Auch ohne Gott Jahwe mit einem Galapagos-Seebären
zu vergleichen, wird deutlich, daß Geschwistergewalt nach
elterlichem Sympathieentzug keineswegs selten ist, auch
nicht beim Menschentier.

Alle seine Kinder gleichermaßen zu lieben war bis vor
wenigen Jahrzehnten ganz und gar nicht selbstverständlich – ja nicht einmal erwünscht. Daß diese Kinder dann
untereinander agiert haben wie Kain und Abel oder, eine

Stufe harmloser, wie Jakob und Esau oder wie Joseph und seine Brüder, dafür gibt es massenhaft Beispiele: Der Dichter Hesiod hat, 700 Jahre vor der Zeitwende, sein Opus *Tage und Werke* niedergeschrieben. Es ist eine Hymne auf die bäuerliche Arbeit und auf das »Goldene Zeitalter« von ehedem – verfaßt, nachdem sein Bruder Perseus ihn bei der Erbteilung betrogen hatte. Fünfhundert Kilometer westlich und fast zur selben Zeit entrinnen, der römischen Überlieferung zufolge, die Zwillinge Romulus und Remus den elterlichen Nachstellungen, aber als Remus sich über die winzigen Ausmaße der von Romulus gegründeten Stadt lustig macht, erschlägt ihn der zornige Bruder. Lange hat die aus der Not geborene Geschwistersolidarität also nicht gehalten.

Vielleicht hätte auch das Märchen von »Brüderchen und Schwesterchen«, das wir als »Hänsel und Gretel« (1819) kennen, am Ende ähnliches berichten müssen, hätte es nicht seine Erzählung rechtzeitig, also nach dem ersten gemeinsam und erfolgreich bestandenen Abenteuer, abgebrochen. Das geschah quasi frei nach Kurt Tucholsky: »Die Ehe war zum jrößten Teile verbrühte Milch un Langeweile/ und darum wird beim happy end im Film jewöhnlich abgeblendt ...« Der literarische Querverweis ist mehr als bloße Pointe: Wir wissen heute, daß von den Volksmärchen ursprünglich etwa die Hälfte schlecht endete – erst die bürgerliche Erzähltradition, zu Kassel in die *Grimmsche Sammlung* gegossen, bescherte uns dann das stereotype Happy-End samt »und wenn sie nicht gestorben sind, dann leben sie noch heute«. Es ist dieselbe Epoche, die uns auch die Idee – oder Ideologie – der glücklichen Familie im »trauten Heim« beschert hat, bis hin zum Werbefernsehen von heute.

* * *

Trotz dieser historischen Erblast – die das Familienleben insgesamt verdüstert – wird die Geschwisterlichkeit als wesentlicher Teil der horizontalen Lebensdimension heute von Psychologen und Soziologen neu entdeckt. Und das mit gutem Grund, denn über lange Jahre hinweg hat die psychologische Forschung der Geschwisterbeziehung nur geringe Aufmerksamkeit zuteil werden lassen. Erst Anfang der neunziger Jahre wurde diese Diskrepanz mehrfach thematisiert. »Das Desinteresse von Kirche und Staat an der Geschwisterbeziehung war lange Jahrzehnte auch charakteristisch für die Wissenschaft«, schrieb der Göttinger Psychologe Hartmut Kasten in einer Monographie aus dem Jahre 1993.[126] Kurz zuvor – die deutsche Ausgabe seines Buches erschien 1992 – hatte der amerikanische Psychoanalytiker Stephen Bank bestürzt festgestellt: »Wie alle Psychologen und Psychotherapeuten unserer Generation haben wir gelernt, daß Geschwister, wenn überhaupt, höchstens unbedeutende Akteure auf der Bühne der menschlichen Entwicklung seien ... Die geltenden Theorien über die Entwicklung des Menschen sagen auffallend wenig zum Thema Geschwister.«[127]

In den Jahren, die seither vergangen sind, erfolgte eine Neubesinnung. Sie bezieht sich auf die Intensität und auf das Potential dieses Beziehungsmusters, in dem Horst Petri

»die längste Beziehung unseres Lebens« geortet hat.[128] Dieses Potential wohnt, in unterschiedlicher Ausprägung, dem gesamten horizontalen Beziehungsfeld inne. Viele Wissenschaftler – vor allem aber Wissenschaftlerinnen, was gewiß kein Zufall ist – sprechen ihm eine besondere *emanzipatorische Potenz* zu. Mit den Worten der Schweizer Soziologin Katharina Ley:

>»Stimmen der Horizontale lassen an Gespräche denken, an ein Erzählen, Fragen und Zweifeln und Nachfragen und Antworten, an ein Reden und Zuhören in einer Atmosphäre, die Lust und Neugier bereitet, dabei zu sein, wo alle Anwesenden ›auf der Horizontale‹ präsent sind, vielleicht im Kreis, am selben Tisch, im selben Boot, gleichwertig und gleichberechtigt, und doch unterscheidbar, unterschiedlich.«[129]

Für das Kind bedeutet der Umgang mit Geschwistern nicht nur eine Relativierung des elterlichen Einflusses, der – wie das Beispiel aus dem Senegal zeigt – in Stammesgesellschaften weit weniger intensiv gewesen ist als in der modernen Klein-, Rest- oder »Patchwork«-Familie (dies gilt übrigens über lange Jahrhunderte hinweg auch noch für die bäuerlich-ländliche Subkultur). Das Kind muß andere Umgangsformen einüben, anders kooperieren lernen, andersartige Übergriffe erdulden und sich, gegebenenfalls, gegen sie zur Wehr setzen, es hört andere Geschichten und lacht über andere Späße. Die Beziehung zu Gleichaltrigen, ob Geschwister oder nicht, kann noch lebendig und bereichernd sein, wenn die Eltern schon längst im Pflegeheim dahindämmern oder unter dem Rasen ruhen. »Die Geschwisterbeziehung prägt die großartigsten und die gemeinsten menschlichen Gefühle. Die ganze Bandbreite von Gefühlen ist in dieser Beziehung enthalten, deren Komplexität sich jeder Definition entzieht.«[130]

Kinder, die an alledem Mangel leiden, haben es rundum *schwerer.* In einer besonders problematischen Lage sind natürlich Einzelkinder, die mit Alleinerziehenden zusammenleben. Aber auch hier gilt die *Wahrscheinlichkeitsregel:* Ein Trauma ist nicht gewiß, aber leichter möglich. Es wird um so wahrscheinlicher werden, je größere Schwierigkeiten der verantwortliche Elternteil mit seiner eigenen »Horizontalität« hat, das heißt, je schwerer es ihr/ihm fällt, für Kompensation zu sorgen. Denn diese ist durchaus möglich, auch dort, wo leibliche Geschwister fehlen.

* * *

Von einem gemeinsamen Boot im Strom des Lebens, wie es auch Katharina Ley zitiert hat, war in diesem Kapitel bereits mehrfach die Rede – eine Metapher, die uns das horizontale Beziehungsfeld anschaulich macht. Derzeit hat es allerdings ganz den Anschein, als würde dieses Boot binnen kurzer Zeit stranden – als sei Geschwisterlichkeit, ob nun in der zärtlichen oder in der zerstörerischen Spielart, schon bald nur noch eine Reminiszenz an vergangene Zeiten; kein Thema jedenfalls, das die Sozialforschung noch lange umtreiben müßte. Anders gesagt: Heute, wo jene autonome, selbstbestimmte Horizontalität Wirklichkeit werden könnte, für die Wissenschaftlerinnen wie die Schweizerin Ley so engagiert plädieren, ist unsere Gemeinschaft längst dabei, ihr dauerhaft den Boden zu entziehen. Horizontalität wird in der Kleinfamilie immer häufiger »mangels Masse«, also wegen nicht mehr vorhandener Geschwister schlicht unmöglich.

Hinzu kommt, daß auch andere, nicht auf genetischer Verwandtschaft beruhende Spielarten des horizontalen Beziehungsmusters immer mehr an Bedeutung verlieren. Das morgendliche Treffen der Frauen im Waschhaus gehört schon lange der Vergangenheit an, in den Schulen werden die Klassenverbände durch Kurssysteme ersetzt, und der allgegenwärtige Leitwert einer sich beständig steigernden Mobilität zerschneidet – etwa durch häufigen Wohnungswechsel – jedes dauerhafte Beziehungsgeflecht. Alleinerziehende Elternteile müßten eigentlich nicht zwangsläufig in einer schlechteren Position sein, aber sie werden häufig die eigenen Schwierigkeiten an ihre Kinder weitergeben, wenn sie selbst nur schlecht horizontal abgesichert sind und für sich und ihre Kinder wenig Kompensationsmöglichkeiten schaffen und anbieten können. Die Isolierung der Individuen wird zum Dauer-Disstreß, und diese Dauerbelastung forciert die Vereinzelung – ein Teufelskreis. Was der Psychoanalytiker Wolfgang Schmidbauer über die »Angst vor Nähe« geschrieben hat, trifft – mutatis mutandis – auf das gesamte Kontaktverhalten im »horizontalen Beziehungsfeld« zu:

»Lose Verknüpfungen, Verabredungen, die für einen Abend getroffen werden, Kneipen, in denen man den Freund oder die Freundin mit einiger Wahrscheinlichkeit trifft – das ist der Spielraum, in dem sich näheängstliche Menschen noch am wohlsten fühlen ... Man lernt, cool zu wirken. Jeder Hinweis auf Abhängigkeit ist verdächtig. Je drängender die Bitte um ein Wiedersehen, desto weniger wahrscheinlich findet es statt. Die Beziehungen werden jeden Tag neu ausgehandelt. Das schafft Freiräume, die ihren eigenen Reiz haben. Der Preis für sie ist hoch: Man lebt in einer dauernden Ungewißheit, und man kann sich nur in diese anstrengende Kontaktwelt wagen, wenn man ›gut drauf‹ ist.«[131]

Demgegenüber steht die Einsicht, daß der Mensch ein Wesen ist, das in ein Netz vielfältigster ökologischer Beziehungen eingewoben ist. Ungebundenheit gibt es in dieser Perspektive eigentlich gar nicht, allenfalls die Illusion davon – der menschliche Organismus ist eben keine Billardkugel, sondern ein durch tausend Austauschvorgänge mit seiner Mitwelt verbundenes Wesen, das, falls es verblendet genug wäre, alle diese Verbindungen zu kappen, sofort zugrunde gehen müßte. Abhängigkeit wird hier als Bindung verstanden, besser noch als Einbindung, und die Kunst der Abhängigkeit ist das Vermögen, die Natur und die Notwendigkeit dieser Bindungen zu durchschauen – diese Kunst eröffnet nicht bloß die Möglichkeit, Bindung zu genießen, sondern sie auch zu gestalten, was wiederum eine wirkliche Chance zur wenigstens partiellen Autonomie bietet.

* * *

Frühere Generationen fielen sozusagen ganz von selber mitten hinein ins horizontale Beziehungsfeld, nahmen es für selbstverständlich und konnten es wohl nur bedingt, nur zeitweilig genießen. Die Menschen heute, von Vereinzelung und Vereinsamung bedroht, geraten leicht in Gefahr, von verlorenen Paradiesen zu träumen, die es so nie gegeben hat. Wichtiger wäre es, genau hinzusehen, was wir zu verlieren drohen, und angesichts des gesellschaftlichen Wandels zu rekonstruieren, welche Bedeutung das horizontale Beziehungsfeld – die Geschwisterlichkeit eingeschlossen – für unser Leben hat. Horizontalität läßt sich, über die Familienstruktur hinaus und auch ohne sie, aktiv gestalten, läßt sich suchen und finden – im Freundeskreis, bei gemeinsamen Hobbys, in der Selbsthilfegruppe und – den Forderungen von Außenminister Fischer zum Trotz – auch in der Wohngemeinschaft. Selbst in der Zwangsgemeinschaft des »Big-Brother«-Containers haben die letzten drei Bewohner zur Überraschung vieler Beobachter geschwisterliche Solidarität geübt und beschlossen, einen Teil vom »großen Preis« brüderlich zu teilen.

Lassen wir uns das synchrone Leben also nicht miesmachen, und auch die Wohngemeinschaft nicht. Die ist, nebenbei bemerkt, auch noch im Rentenalter möglich (und dann sogar besonders sinnvoll). Jedenfalls zeigt sich, daß es Ressourcen gibt, auf die wir nicht verzichten sollten, ohne sie deshalb verklären zu müssen. Das gilt erst recht für die Heranwachsenden – in der horizontalen Dimension können sie nicht nur die Zahl ihrer Trainingspartner erhöhen, sondern auch ganz andere Dinge trainieren.

Ich will zum Abschluß dieses Kapitels zusammenfassen:

Unter den »Sozialisationsagenten«, deren Funktion im zweiten Kapitel vorgestellt und erläutert worden ist, spielen gleichaltrige Mitmenschen beziehungsweise Menschen der gleichen Generation eine wesentliche Rolle, die allerdings seit mindestens zweihundert Jahren von der auf die Kernfamilie und, vor allem, auf die Rolle der Eltern fixierten Wissenschaft nicht genügend beachtet worden ist. Zu diesem horizontalen Beziehungsfeld gehören Spielgruppen, die Freundinnen und Freunde im Kindergarten, die Schulklassen, Jugendklubs und andere Peer-groups. Eltern, die »gut genug« sind, um den Bedürfnissen ihres Kindes gerecht zu werden, und sich deshalb auch nicht scheuen, nötigenfalls »böse« zu sein, werden die entsprechenden Aktivitäten und Initiativen ihrer Kinder fördern und unterstützen, auch wenn dadurch die eigene Bedeutung relativiert wird. Gerade das fällt vielen modernen Eltern, die selber »bester Freund« ihrer Kinder sein wollen, schwer (manche von ihnen können, beispielsweise, nicht leicht ertragen, wenn ihre Kinder Geheimnisse vor ihnen haben – was doch die natürlichste Sache der Welt ist).[132] Dadurch wird den Kindern jedoch ein Stück Selbständigkeit genommen, das sie in einer Lebensdimension erfahren und erproben, die mit der Beziehung zu den Eltern nicht in Einklang, oft sogar in Konkurrenz steht. Ein Kind, das mit dem Dreirad seinen Freund besuchen fährt, wagt sich auf seine ersten Reisen in eine andere Welt, die nicht mehr die der Eltern ist, von diesen freilich mit den Jahren auch immer weniger kontrolliert werden kann. Es gehört zur Funktion des Trainingspartners Eltern, daß die Kinder herausfinden können, wie ein Leben ohne Eltern aussieht. Der Punkt, an dem die Wege sich trennen, will also beizeiten ins Auge gefaßt sein. Auch dafür ist der Umgang mit Gleichaltrigen hilfreich. Denn diese sind die wahren, die besten Freunde eines Kindes.

Nachwort

Ziel dieses Buches ist es, Eltern Mut zu machen. Es will ihnen Mut machen, »böse« zu sein, und zwar – so paradox sich das zunächst auch anhören mag – ganz im Sinne ihrer Kinder.

»Das Gute, dieser Satz steht fest,
ist stets das Böse, das man läßt«,

heißt es bei Wilhelm Busch in *Die fromme Helene*. Für unsere Zwecke wird umgekehrt ein Schuh daraus: Das Böse ist das Gute, das unterlassen wird. Und diese Version trifft genau ins Schwarze. Ich möchte Eltern ermutigen, nicht immer nur daran zu denken, wie sie gute Eltern sein können. Ich möchte sie ermutigen, vieles, was gemeinhin als gut gilt, besser zu unterlassen – weil es ihren Kindern schadet. Ich möchte sie ermutigen, ihren Kindern *nicht* jeden Wunsch von den Augen abzulesen, ihnen *nicht* alle Schwierigkeiten aus dem Weg zu räumen, ihnen *nicht* jederzeit ein verständnisvoller Freund sein zu wollen und *nicht* immer für sie dazusein. Ich möchte ihnen Mut machen, in ihren Kindern *nicht* kleine Prinzen und Prinzessinnen zu sehen, ihnen *nicht* immer nur das Beste zu gönnen und *nicht* immer nur das schwache, hilflose Wesen in ihnen zu sehen, das ständig der Unterstützung und des Beistands bedarf. Jene grenzenlose Güte, die sich in solchen oder ähnlichen Verhaltenstendenzen offenbart, ist *nicht* das, was Kinder brauchen. Mich erinnert sie stark an den Satz: »Das Gegenteil von gut ist gut gemeint.« Stimmt genau. Eltern sollten sich offen und ehrlich über die Interessenunterschiede zwischen den Generationen Rechenschaft ablegen, sollten sich Klarheit darüber verschaffen, was sie ihren Kindern schuldig sind, die sie ungefragt in die Welt gesetzt haben – und sollten akzeptieren, daß das Verhältnis zwischen Alt und Jung in erster Linie dadurch gekennzeichnet ist, daß Eltern dafür gebraucht werden, eines Tages nicht mehr gebraucht zu werden. Die Kunst, so umfassend präsent zu sein wie nötig und sich dann so rasch überflüssig zu machen wie möglich – sie ist das Geheimnis erfolgreicher Eltern, die es schaffen, ihren Kindern für ein Leben in Selbständigkeit die nötige Hilfestellung zu geben. Die Wut, die Kinder auf ihre Eltern empfinden, wenn diese ihnen Grenzen setzen, gehört zum Weg in die Selbständigkeit unabdingbar mit dazu. Sie muß ertragen werden. »Böse« Eltern können das. Sie lieben ihr Kind, sehen in ihm aber nicht den Nabel der Welt. Sie biedern sich bei ihrem Kind nicht an, sondern sorgen lieber dafür, daß es genug Gelegenheit findet, Durchsetzungskraft und Durchhaltevermögen zu trainieren.

Und wenn all das klappt, werden sie irgendwann zu ihrem Kind sagen können: »Im übrigen war es eine gute Zeit mit dir. Wir haben uns oft ganz schön gekeilt, aber du hast viel gelernt, und wir haben zusammen auch eine Menge

Spaß gehabt. Und außerdem: Ich habe selber eine Menge dazugelernt ...«

Und falls *wirklich* alles im großen und ganzen gut gelaufen ist, wird ihr Kind das auch denken – und es möglicherweise sogar sagen. Was wollen wir mehr?

Anhang

Literaturhinweise

Gerhard Bliersbach: *Halbschwestern, Stiefväter und wer sonst noch dazugehört. Leben in Patchwork-Familien,* Düsseldorf und Zürich 2000

Diane Ehrensaft: *Wenn Eltern zu sehr ... Warum Kinder alles bekommen, aber nicht das, was sie wirklich brauchen,* Stuttgart 2000

Günter Franzen u. Boris Penth (Hg.): *Hüten und Hassen. Geschwister-Geschichten,* München 1992

Katharina Ley (Hg.): *Geschwisterliches. Jenseits der Rivalität,* Tübingen 1995

Martha H. Pieper u. William J. Pieper: *Smart Love. Erziehen mit Herz und Verstand,* Stuttgart 2001

Donald W. Winnicott: *Das Baby und seine Mutter,* München 1990

Weitere Lesetips in den Anmerkungen.

Anmerkungen

1 D. Ehrensaft: *Wenn Eltern zu sehr … Warum Kinder alles bekommen, aber nicht das, was sie wirklich brauchen,* Stuttgart 2000

2 Ebenda, S. 21f.

3 I. v. Finckenstein: Die Horror-Kids und ihre Eltern. Ist die Erziehung wirklich am Ende – oder doch nicht erst am Anfang?, in: *Süddeutsche Zeitung,* 26. 8. 1995. Die Frage bezog sich auf eine *Spiegel*-Titelgeschichte mit der Überschrift »Erziehung am Ende?« (Heft 2/1995)

4 J. Prekop: *Der kleine Tyrann,* München 1988

5 W. Hochheimer: Zur Rolle von Autorität und Sexualität im Generationskonflikt, in: *Psyche* 7, 1966, S. 495

6 Ehrensaft 2000 (wie Anm. 1), S. 132 f.

7 R. Dreikurs u. E. Blumenthal: *Eltern und Kinder – Freunde oder Feinde?,* Stuttgart 1973, S. 17

8 Th. Kleinspehn: *Warum sind wir so unersättlich? Über den Bedeutungswandel des Essens,* Frankfurt a. M. 1987, S. 243. Die von Kleinspehn zitierten Studien, von denen wir hier die fremdsprachigen und die deutschen Titel zitieren wollen, sind: Ph. Ariès: *L'enfant et la vie familiale sous l'Ancien Régime,* Paris 1960 / dtsch.: *Geschichte der Kindheit,* München 1975; E. Badinter: *L'amour en plus,* Paris 1980 / dtsch.: *Die Mutterliebe. Geschichte eines Gefühls vom 17. Jahrhundert bis heute,* München 1981; L. de Mause (Hg.): *The History of Childhood,* New York 1974 /

dtsch.: *Hört ihr die Kinder weinen*, Frankfurt a. M. 1977. Vgl. hierzu auch die Historikerin Barbara Tuchman: »Von allen Eigenheiten, in denen sich das Mittelalter von der heutigen Zeit unterscheidet, ist keine so auffallend wie das fehlende Interesse an Kindern ...Vielleicht hat es an der hohen Kindersterblichkeit gelegen (eins oder zwei von drei Kindern starb), daß die Liebesmühen um ein Kind so wenig lohnend erschienen. Vielleicht haben aber auch die häufigen Schwangerschaften zu der Interesselosigkeit beigetragen. Ein Kind starb, ein neues wurde geboren und nahm seinen Platz ein ... Im großen und ganzen scheinen die Kinder in den ersten fünf oder sechs Jahren ohne große Fürsorge sich selbst überlassen worden zu sein; entweder sie starben oder sie überlebten.« B. Tuchman: *Der ferne Spiegel. Das dramatische 14. Jahrhundert*, München 1982, S. 56 ff. – Gegenargumente gibt es freilich auch, z. B. bei K. Arnold: Die Einstellung zum Kind im Mittelalter, in: B. Herrman (Hg.): *Mensch und Umwelt im Mittelalter*, Frankfurt a. M. 1989

9   Vgl. V. Braunbehrens: *Mozart in Wien*, München 1986, S. 112

10 Eine erste Untersuchung dazu hatte ich 1996 mit dem gemeinsam mit meiner Frau verfaßten Buch *Die Angst der Eltern vor dem Kind* vorgelegt. Ich freue mich darüber, diesen Gedankenstrang jetzt wieder aufnehmen, weiterspinnen und mit anderen Problemgebieten verknüpfen zu können.

11 Vgl. T. Bastian: *Tödliche Eile. Die neue Religion von Tempo und Beschleunigung*, Oberursel 1993

12 Zu dieser negativen Funktion von Idealbildungen vgl. W. Schmidbauer: *Alles oder Nichts. Über die Destruktivität von Idealen*, Reinbek 1980

13 H. Zeier: Zur Evolution von Gehirn und Geist, in: J. C. Eccles

u. H. Zeier: *Gehirn und Geist. Biologische Erkenntnisse über Vorgeschichte, Wesen und Zukunft des Menschen,* München und Zürich 1980, S. 57

14 Er war auch ein wichtiger Wegbereiter der naturwissenschaftlichen Ausrichtung der Medizin. »Die wieder auflebende Naturwissenschaft hat für die Medizin eine Fackel angezündet, welche selbst über die finsteren Stellen dieser Scienz einiges Licht verbreitet« – so Oken 1821 in seiner Zeitschrift *Isis;* ein Jahr später wurde in Leipzig die erste (von Oken mitbegründete) »Versammlung deutscher Naturforscher und Ärzte« durchgeführt.

15 Vgl. T. Bastian: *Der Blick, die Scham, das Gefühl. Eine Anthropologie des Verkannten,* München 1998

16 Und zwar für beide Seiten: »Leihmütter«, die ihr Kind nach der Geburt sehen, haben weit größere Schwierigkeiten, es an die »Bestellerin« abzugeben, als solche, bei denen dies nicht der Fall ist!

17 Vgl. zum Beispiel M. H. Klaus u. J. H. Kennell: *Mutter-Kind-Bindung. Über die Folgen einer frühen Trennung,* München 1987; H. Keller (Hg.): *Handbuch der Kleinkindforschung,* Berlin, Heidelberg und New York 1989; J. D. Lichtenberg: *Psychoanalyse und Säuglingsforschung,* Berlin, Heidelberg und New York 1991; D. N. Stern: *Die Lebenserfahrung des Säuglings,* Stuttgart 1992

18 J. D. Lichtenberg: Motivational-funktionale Systeme als psychische Strukturen. Eine Theorie, in: *Forum der Psychoanalyse* 7, 1991, S. 6

19 Vgl. R. L. Gregory: *Auge und Gehirn,* Frankfurt a. M. 1972

20 F.-W. Deneke: Das Selbst-System, in: *Psyche* 43, 1989, S. 582

21 Der Ausdruck »sekundärer Nesthocker« stammt von dem Biologen Alfred Portmann. Die lange Phase der Abhängig-

keit und Hilflosigkeit beim Menschenjungen wird auch als »Altrizialität« bezeichnet. Eine interessante Hypothese über ihre Ursache hat der Soziobiologe Richard Alexander formuliert. Vgl. R. Alexander: Über die Interessen der Menschen und die Evolution von Lebensabläufen, in: H. Meier (Hg.): *Die Herausforderungen der Evolutionsbiologie*, München und Zürich 1988, S. 129 ff.

22 Im vorigen Jahrhundert ist dies insbesondere den Deutschen nachgesagt worden. Material hierzu bei A. Dundes: *Sie mich auch! Das Hinter-Gründige in der deutschen Psyche*, München 1987

23 B. Hassenstein: *Verhaltensbiologie des Kindes*, München 1973, S. 43

24 M. Hilgers: Auto-Mobil oder das Selbst im Straßenverkehr, in: *Universitas* 6/1991, S. 545/46

25 B. Hassenstein: *Tierjunges und Menschenkind im Blick der vergleichenden Verhaltensforschung*, Stuttgart 1970, S. 15

26 Hassenstein 1973 (wie Anm. 23), S. 69

27 Die Redewendung vom »Egoismus der Gene« rührt von dem Buch *The Selfish Gene* (Oxford 1976) des britischen Biologen Richard Dawkins her. Dtsch.: R. Dawkins: *Das egoistische Gen*, Berlin und Heidelberg 1978. Dawkins sieht im Individuum lediglich eine »Überlebensmaschine«, die die Weitergabe des genetischen Materials sicherzustellen hat. Zweifellos ist es aber so, daß diese »Maschine« Freiheitsgrade besitzt, die dieser sachlich nicht bestreitbaren Tendenz entgegenwirken können; die bewußte Kinderlosigkeit, der Zölibat, der Hungerstreik und viele andere Sozialphänomene beweisen dies zur Genüge – von der Möglichkeit menschlicher Selbstauslöschung im Atomkrieg ganz zu schweigen. Dann kann allerdings auch nicht mehr von »Maschinerie« gesprochen werden, weil die Tendenz

zur Weitergabe des genetischen Materials eben nicht das aktuelle Verhalten eindeutig determiniert.

28 Der obige Satz beweist, daß auch vorsichtige, einer vereinfachenden Soziobiologie gewiß skeptisch gegenüberstehende Autoren wie wir dazu neigen, in eine »teleologische« Ausdrucksweise zu verfallen. Natürlich »stattet« die Evolution die Individuen nicht »aus«, etwa nach der Manier eines weltgestaltenden Herren- bzw. Arten-Schneiders; vielmehr »prämiert« sie die Entstehung entsprechender Eigenschaften, aber eben nicht nach Art eines vorher entworfenen »Strickmusters«!

29 N. Bischof: *Das Rätsel Ödipus. Die biologischen Wurzeln des Urkonfliktes von Intimität und Autonomie*, München und Zürich 1985, S. 540 f. – Ein eindrucksvolles Beispiel hierfür gibt Hassenstein 1973 (wie Anm. 23), S. 243: »Eine Löwin hatte ein Gnu erjagt, sättigte sich und ging dann etwa 2 km weit zu ihren beiden eine Woche alten Jungen. Indessen fraß ein Leopard an der Beute. Die Löwin kam zurück und trug eines der Jungen. Der Leopard stieg in einen Baum nahe der Beute. Die Löwin setzte das Junge bei der Beute ab und machte Anstalten, auch das zweite zu holen: Sie ging ein paar Schritte, zögerte, kehrte zum Jungen zurück, sah nach oben zum Leopard, ging wieder ein paar Schritte, kehrte wieder zurück usw. Nach halbstündigem (!) Schwanken ging sie fort. Als sie etwa 100 m entfernt war, stieg der Leopard ab und packte das Junge, das laut schrie. Die Löwin rannte zurück, der Leopard ließ das Junge fallen, aber es war zu spät. Das Junge war tot.«

30 Bischof 1985 (wie Anm. 29), S. 557

31 Dem stimmt auch der Biologe Norbert Bischof zu: »Man wird berechtigte Zweifel hegen dürfen, ob bei aggressiven Auseinandersetzungen im Tierreich jemals ein Motiv wirk-

sam wird, das im vollen Wortsinn als ›Rache‹ bezeichnet zu werden verdient ... Und so dürfte das Prinzip der Retaliation, quitt erst zu sein, wenn man ›Auge um Auge, Zahn um Zahn‹ gefordert und erhalten hat, zu jenen basalen Phänomenen menschlichen Rechtsempfindens gehören, die im vormenschlichen Bereich keine Parallele haben.« Ebenda, S. 559 f.

32   I. Asimov: *Außerirdische Zivilisationen*, Köln 1981, S. 238 f.

33   Es gibt in der menschlichen Kultur jede Menge ähnliche Phänomene – wie beispielsweise den Zölibat.

34   H. Kummer: Gruppenführung bei Tier und Mensch in evolutionärer Sicht, in: H. Meier (Hg.): *Die Herausforderung der Evolutionsbiologie*, München 1988, S. 177–179

35   S. Pinker: *Wie das Denken im Kopf entsteht,* München 1998

36   Vgl. Hochheimer 1966 (wie Anm. 5)

37   I. Seger: *Wenn die Geister wiederkehren. Weltdeutung und religiöses Bewußtsein in primitiven Kulturen*, München und Zürich 1982, S. 14. Wir bevorzugen diese sehr elastische Definition, wissen aber natürlich, daß sie keineswegs unstrittig ist (1952 haben Alfred Kroeber und Clyde Kluckhon das Buch *Culture* veröffentlicht, das 175 Definitionen des Begriffes »Kultur« aufzählt; später ist eine solche Übersicht unseres Wissens nicht mehr versucht worden).

38   P. Farb: *Das ist der Mensch*, Hamburg 1981, S. 436

39   F. R. Vivelo: *Handbuch der Kulturanthropologie. Eine grundlegende Einführung*, München 1988, S. 167

40   B. Diepold: Zur Entwicklung der Geschlechtsidentität bei Jungen, in: P. Buchheim u. a. (Hg.): *Lindauer Texte 1995*, Berlin, Heidelberg und New York 1995, S. 103

41   E. H. Erikson: *Kindheit und Gesellschaft* (1950), Stuttgart 1984, S. 132 f.

42 Nach F. Renggli: *Angst und Geborgenheit. Soziokulturelle Folgen der Mutter-Kind-Beziehung im ersten Lebensjahr,* Reinbek 1976, S. 117 ff.

43 J. Liedloff: *Auf der Suche nach dem verlorenen Glück,* München 1980. Wer, wie Liedloff, die Weisheit und die Vertrautheit im Umgang mit dem eigenen Körper bei den von ihr besuchten Yequana-Indianern nicht hoch genug rühmen kann, muß natürlich auch den kleinen Widerspruch übersehen, der ja darin liegt, daß der Yequana-Häuptling Liedloff wegen ihrer von ihm hochgeschätzten chirurgischen Fähigkeiten untersagen wollte, aus seinem Dschungeldorf wieder in die Vereinigten Staaten zurückzukehren.

44 Wie selbstverständlich uns diese geworden ist, zeigt sich an dem geringen Ausmaß der an ihr geübten Kritik. Eine Ausnahme ist I. Illich: *Entschulung der Gesellschaft,* München 1995

45 N. Elias: *Über den Prozeß der Zivilisation* (1939), 2 Bde., Frankfurt a. M. 1976

46 Kleinspehn 1987 (wie Anm. 8), S. 324 f.

47 H. P. Dreitzel: Soziologische Reflexionen über das Elend des Leistungsprinzips, in: *Sinn und Unsinn des Leistungsprinzips,* München 1974, S. 45

48 Und von seiten der Kulturanthropologie wird, dies unterstreichend, angemerkt: »Es sollte festgehalten werden, daß derartige Motivationen der Selbstkontrolle nicht in allen Kulturen vorkommen müssen. In unserer eigenen und in anderen Industriegesellschaften scheinen sie immer offenkundiger zu sein, aber es gibt wenig Beweismaterial für die Behauptung, daß sie in ›primitiven‹ Gesellschaften weit verbreitet seien.« (Vivelo 1988, wie Anm. 39, S. 171)

49 *Schwäbische Zeitung,* 12. 4. 1995

50 E. Beck-Gernsheim: Für eine »soziale Öffnung« der Bindungsforschung, in: *Familiendynamik*, Heft 2/1995, S. 198

51 Vgl. K. Jurczyk u. M. S. Rerrich (Hg.): *Die Arbeit des Alltags. Beiträge zu einer Soziologie der alltäglichen Lebensführung*, Freiburg 1993

52 C.-H. Mallet: *Kennen Sie Kinder? Wie Kinder denken, handeln und fühlen, aufgezeigt an vier Grimmschen Märchen*, Hamburg 1981, S. 31

53 M. Bergmann: Im Inneren des Leviathan, in: *Praxis der Psychotherapie und Psychosomatik*, März 1990, S. 69

54 Der Sozialpsychologe Stanley Milgram forderte in einem vermeintlichen Lernversuch seine (willkürlich ausgewählten) Versuchspersonen dazu auf, unsichtbare, jedoch laut und vernehmbar schreiende Opfer mit Stromstößen bis zu 450 Volt (!) zu traktieren. Das Ergebnis wurde weltbekannt: In seiner ersten Versuchsreihe, die er 1962 an der Yale-Universität in New Haven begann, gehorchten 65% der Teilnehmer einem ihnen bis dahin völlig unbekannten Versuchsleiter bis zum bitteren Ende, d. h. bis zum (gespielten) Zusammenbruch der »bestraften« Person, die allem Anschein nach einen tödlichen Stromstoß erhalten hatte. Viele Wiederholungen des Experiments bestätigten den Befund: Nur etwa ein Siebtel der Versuchspersonen leistete energischen Widerstand und ließ sich nicht in die Rolle des gehorsamen Folterknechts drängen.

55 Vgl. auch A. Peiper: *Chronik der Kinderheilkunde*, Leipzig 1965, insbes. S. 635 ff.

56 Nach Farb 1981 (wie Anm. 38), S. 442

57 Nach M. Piers: Kindermord – ein historischer Rückblick, in: *Psyche* 5, 1976, S. 424

58 I. Kant: Zum ewigen Frieden (1795), in: *Theorie-Werkaus-*

gabe, hg. von W. Weischedel, Frankfurt a. M. 1968, Bd. XI,
S. 198 u. S. 209

59 Frau Ducker wurde vom Gericht in McMinnville im US-
Staat Tennessee zu einer Haftstrafe von 30 Jahren verurteilt. Vgl. *Schwäbische Zeitung*, 5. 10. 1995

60 B. Tuchman: *Der ferne Spiegel. Das dramatische 14. Jahrhundert*, München 1982, S. 294

61 *Vita Heinrici IV. imperatoris,* verfaßt vermutlich von Bischof Ertung von Würzburg, zitiert nach H. Pleticha (Hg.):
Deutsche Geschichte, Bd. 2: *Von den Saliern zu den Stau-
fern,* Gütersloh 1982, S. 199

62 *Schwäbische Zeitung,* 23. 8. 1995; die erwähnte »Doppel-
punkt«-Reportage des ZDF wurde am selben Tag ausge-
strahlt.

63 Vom Vater des Massenmörders Jeffrey Dahmer – genannt »der Menschenfresser von Milwaukee«, wegen
Mord an 17 Menschen 1992 zu lebenslanger Haft verurteilt,
im Gefängnis von einem Mithäftling ermordet – existiert ein
erschütternder Bericht über die eigenen Gefühle, als er
von den Taten seines Sohnes erfuhr (»Sorry Dad«, war alles, was er sagte – *Süddeutsche Zeitung – Magazin,* 8. 7.
1994).

64 Jedenfalls bis zu einem gewissen Punkt. Dieser Umschlags-
punkt ist meisterhaft geschildert in Ph. Roth: *Mein Leben
als Sohn*, München 1998.

65 Th. Reik: Die Couvade und die Psychogenese der Vergeltungsfurcht, in: *Imago* 3 (1914)

66 Zitiert nach K. Rutschky: *Schwarze Pädagogik. Quellen zur
Naturgeschichte der bürgerlichen Erziehung,* Frankfurt
a. M. 1977, S. 170 f.

67 Vivelo 1988 (wie Anm. 39), S. 177

68 *Schwäbische Zeitung,* 15. 2. 1995

69 M. Amelang u. C. Krüger: *Mißhandlung von Kindern. Gewalt in einem sensiblen Bereich*, Darmstadt 1995, S. 30

70 H. J. Schneider: Das verkannte Delikt. Sexueller Mißbrauch an Kindern, in: *Universitas* 10/1994

71 Zitiert nach der Reportage: Der Hilfeschrei der Rabenmutter, in: *Süddeutsche Zeitung*, 7. 10. 1995

72 F. Hacker: *Aggression. Die Brutalisierung der modernen Welt*, Wien, München und Zürich 1971, S. 220 f.

73 Ebenda, S. 220

74 Ehrensaft 2000 (wie Anm. 1), S. 59

75 Vgl. H. Petri: *Umweltzerstörung und die seelische Entwicklung unserer Kinder*, Stuttgart 1992

76 Sie wurde im Mai 1994 zu einer neunjährigen Haftstrafe verurteilt – vgl. *stern*, Heft 25/1994: Mordopfer Kind

77 Vgl. Bastian 1998 (wie Anm. 15)

78 D. Schnack u. R. Neutzling: *Kleine Helden in Not. Jungen auf der Suche nach Männlichkeit*, Reinbek 1990, S. 20

79 M. A. Fossum u. M. J. Mason: *Aber keiner darf's erfahren. Scham und Selbstwertgefühl in Familien*, München 1992, S. 25 f.

80 Ausführlich beschrieben bei L. Wurmser: *Die Flucht vor dem Gewissen*, Berlin und Heidelberg 1987

81 Vgl. T. Bastian u. M. Hilgers: Scham und Schuld am Beispiel der Genesis, in: *Psyche*, Dezember 1990; T. Bastian: Der Affekt Scham: archaisch und verdrängt, in: *Universitas* 11/1994; M. Hilgers: *Scham. Gesichter eines Affektes,* Göttingen 1996

82 F. Kafka: Brief an den Vater, in: *Gesammelte Werke in sieben Bänden,* Frankfurt a. M. 1983, Bd. 7, S. 119 ff.

83 P. Schneider: *Paarungen*, Reinbek 1994, S. 327

84 Der katholische Kirchenschriftsteller Lactantius (eigentlich Lucius Caecilius Firmianus, 250–317) war noch vom römi-

schen Kaiser Diokletian – bekanntlich einer der ärgsten Christenverfolger – als Lehrer der Rhetorik nach Nikomedia berufen worden. Wegen seines Übertritts zum Christentum mußte er jedoch das Land verlassen und in bedrückender Armut leben; in dieser Situation schrieb er sein Werk *Lehrgang der Religion (Institutiones divinae)*. Darin heißt es, daß derjenige, der Gefäße herstelle, dies nicht tue, damit es den Anschein habe, er habe etwas getan (»ut tantum fecisse videatur«), sondern damit diese Gefäße das für den Gebrauch Notwendige aufnehmen. Als Redensart »Damit wenigstens irgend etwas geschieht« (»ut aliquid fieri videatur« oder kurz: »ut aliquid fiat«) ist dieser Satz seither weltbekannt geworden. Das Argument des Lactantius zielt natürlich darauf ab, daß auch die Welt von Gott zu irgendeinem Gebrauche geschaffen worden sei.

85 D. Stern: *Tagebuch eines Babys*, München 1991, S. 40 f.

86 Vgl. S. Freud: Jenseits des Lustprinzips (1920), *Gesammelte Werke XIII*

87 Vgl. E. Heinemann, U. Rauchfleisch u. T. Grüttner: *Gewalttätige Kinder*, Frankfurt a. M. 1993

88 Vgl. G. Gauda: *Der Übergang zur Elternschaft. Eine qualitative Analyse der Entwicklung der Mutter- und Vateridentität*, Frankfurt a. M. 1990

89 Ebenda, S. 90

90 Ebenda, S. 49

91 Ebenda, S. 78

92 Beck-Gernsheim 1995 (wie Anm. 50), S. 197 f.

93 *Schwäbische Zeitung*, 23. 1. 1997

94 Gauda 1990 (wie Anm. 88), S. 268

95 Ebenda, S. 268. Interessantes Material bietet auch J. Glötzner (Hg.): *Der Vater. Über die Beziehung von Söhnen zu ihren Vätern*, Frankfurt a. M. 1983

96 Vgl. Schnack/Neutzling 1990 (wie Anm. 78), insbes. S. 72 ff.

97 Vgl. C. Mayer u. H. P. Kapfhammer: Couvade-Syndrom. Ein psychogenes Beschwerdebild am Übergang zur Vaterschaft, in: *Fortschr. Neurol. Psychiat.* 61 (1993)

98 Der Name bezieht sich auf das Couvade-Ritual mancher vorindustrieller Kulturen. (»Couvade« stammt vom französischen Verb »couver« ab, das mit »bedecken, ausbrüten« übersetzt werden kann.) In Stämmen, die dieses Ritual pflegen, legen sich z. B. die Männer mit »Geburtsschmerzen« ins Bett und bekommen »Wochenbettbesuch«, während die Frauen mit einer kurzen Pause für den Geburtsakt der Feldarbeit nachgehen. Eine andere Form des Couvade-Rituals beinhaltet z. B. Verzicht auf bestimmte Nahrungsmittel oder das Tragen und Benutzen von Messern oder Waffen.

99 Mayer/Kapfhammer 1993 (wie Anm. 97), S. 197

100 Hochheimer 1966 (wie Anm. 5), S. 493

101 K. Tilli: Stillfrequenz, Stilldauer und Abstillgründe, in: *psychosozial*, Heft II/1991, S. 62

102 Aus der Fülle literarischer und wissenschaftlicher Beschreibungen der Macht besonders bekannt geworden ist die Definition von Max Weber, posthum veröffentlicht vor über siebzig Jahren: »Macht bedeutet jede Chance, innerhalb einer sozialen Beziehung den eigenen Willen auch gegen Widerstreben durchzusetzen, gleichviel worauf diese Chance beruht.« Unbewußte Macht wäre in der Definition mit einbegriffen. Außerdem müßte eingeräumt werden, daß »Seine Majestät, der Säugling« eine überaus mächtige Rolle in unserer gegenwärtigen Gesellschaft spielt.

103 O. Borst: *Alltagsleben im Mittelalter*, Frankfurt a. M. 1983, S. 96

104 Es wäre hier z. B. die berühmte »Kauai-Studie« der Psychologin Emmy Werner zu nennen, die an der Kohorte der 698
im Jahre 1955 auf der Hawaii-Insel Kauai geborenen Kinder untersuchte, wieso manche dieser Kinder trotz extrem
ungünstiger Sozialisationsbedingungen »eine gesunde Persönlichkeit entwickelten, zielgerichtet ihren beruflichen
Weg machten und stabile zwischenmenschliche Beziehungen eingingen: Wir wollten herausbekommen, was die Wi-
derstandskraft gerade dieser Kinder gestärkt hatte.« Wie
die Arbeitsgruppe um Frau Werner formulierte, spielte offenbar die Fähigkeit, sich »Kompensationsmöglichkeiten«
zu verschaffen, eine ausschlaggebende Rolle. E. Werner:
Sozialisation: die Kinder von Kauai, in: *Spektrum der Wissenschaft* 6/1989, das Zitat auf S. 118
105 Ehrensaft 2000 (wie Anm. 1), S. 77 f.
106 D. W. Winnicott: *Aggression. Versagen der Umwelt und an-
tisoziale Tendenz*, Stuttgart 1988, S. 203
107 Vgl. hierzu M. Garhammer: *Wie Europäer ihre Zeit nutzen:
Zeitstrukturen und Zeitkulturen im Zeichen der Globalisie-
rung*, Berlin 1999
108 W. Damon: Die Moralentwicklung von Kindern, in: *Spektrum der Wissenschaft*, Oktober 1999, S. 64
109 Werner 1989 (wie Anm. 104)
110 Kafka selbst spielt darin offen auf das Ende seines Romans
Der Prozeß an, in dem es ja im letzten Satz, nach der Er-
mordung des K. (»wie ein Hund«), heißt: »Es war, als sollte
die Scham ihn überleben.« Vgl. F. Kafka (wie Anm. 82).
111 S. Freud 1930 (wie Anm. 86), S. 489
112 M. Hirsch: *Schuld und Schuldgefühl*, Göttingen 1997, S. 80
113 J. Sandler: Zum Begriff des Über-Ichs, in: *Psyche* 18, 1964,
S. 737
114 J. Benjamin: *Die Fesseln der Liebe. Psychoanalyse, Femi-*

nismus und das Problem der Macht, Frankfurt a. M. 1993, S. 41

115 Ebenda, S. 42

116 Ehrensaft 2000 (wie Anm. 1), S. 239

117 Ebenda, S. 202

118 Etwa Dreikurs u. Blumenthal 1973 (vgl. Anm. 7)

119 Sein Hauptwerk ist das auch heute noch sehr lesenswerte Buch *Die Entwicklung der Persönlichkeit*, Stuttgart

120 Damon 1999 (wie Anm. 108), S. 68

121 Schopenhauer, A.: Parerga und Paralipomena: kleine philosophische Schriften (1850), in: *Werke*, Bd. IX, Zürich 1977, S. 331

122 Vivelo 1988 (wie Anm. 39), S. 246

123 Dieser »Klassiker« ist soeben neu herausgegeben worden: A. v. Genepp (1908): *Übergangsriten*, Frankfurt a. M. 1999

124 Tendenziell etwa bei H. Petri: *Geschwister – Liebe und Rivalität. Die längste Beziehung unseres Lebens*, Zürich 1994

125 Vivelo 1988 (wie Anm. 39)

126 H. Kasten: *Die Geschwister-Beziehung*, Bd. 1 und 2, Göttingen 1993, Bd. 1, S. 7

127 St. Bank und M. D. Kahn: *Geschwister-Bindung*, Paderborn 1992, S. 9

128 Petri 1994 (wie Anm. 124)

129 K. Ley in: H. Sohni (Hg.): *Geschwisterlichkeit. Horizontale Beziehungen in Psychotherapie und Gesellschaft*, Göttingen 1999

130 Bank u. Kahn 1992 (wie Anm. 127), S. 259

131 W. Schmidbauer: *Die Angst vor Nähe*, Reinbek 1985

132 Barbara Diepold 1995 (wie Anm. 40) berichtet von einer jungen Mutter, die über Jahre hinweg jeden Tag bei ihrem Sohn im Kindergarten verbrachte – weil sich dieser so schwer von ihr trennen könne ...

Über den Autor:
Dr. med. Till Bastian, geboren 1949 in München, ist freier Schriftsteller und Publizist; regelmäßiger Autor der Zeitschrift *Psychologie heute,* mehrere psychologische und sozialpsychologische Fachveröffentlichungen (z. B. *Der Blick, die Scham, das Gefühl. Eine Anthropologie des Verkannten,* Göttingen 1998). In den Jahren 2000 und 2001 Lehrauftrag an der Universität Innsbruck (Thema: »Geschwisterlichkeit«). Bei den Lindauer Psychotherapietagen hat er wiederholt Selbsterfahrungsgruppen für junge Eltern durchgeführt. Till Bastian lebt mit seiner Frau und seinen beiden Söhnen im Allgäu.